柏井 壽

せつない京都

GS
幻冬

JN196090

はじめに
「美しさ」はせつない

京都に生まれ育って、還暦よりも古希《こき》のほうが近い年齢になってきました。

いつのころからか、ただ暮らすだけでなく、京都のあれこれを綴《つづ》るようになり、京都をテーマにした著作も何冊か出版してきました。幻冬舎さんでも新書は、『京都の路地裏』『京都の定番』の二冊。文庫では『五条路地裏ジャスミン荘の伝言板』という小説を出させていただきました。

他社さんから出した著作を含めると、数十冊を超える京都本を出版したことになります。食べるべきもの。見るべきところ。歩くべき道。泊まるべき宿。長く京都で暮らしてきて得た実感として、京都へお越しになる方々におすすめしたいものだけを書いてきました。

京都はとても素敵な街です。その想《おも》いをたくさんお伝えしてきましたが、伝えきれなかった言葉が、ひとつだけあります。それは、〈せつない〉です。

京都とは、なんとせつない街だろう。六十年をゆうに超える時間を過ごしてきて、何度そう思ったか数え切れません。

とある神社の〈駒札《こまふだ》〉に書かれていた悲話に、思わず落涙してしまったこともあります。

とあるお寺に伝わる話を聞いて、清らかすぎる女性が実存していたことに、胸を熱くしたこともあります。

とある名所では、誰も気づかないような場所に、親孝行を極めたあかしが残されていることを知りました。

千二百年を超えて、多くの人々が暮らし、戦い、恋をして、子どもを育て、老いてゆく――。無数の出会いと別れがそこにありました。そしてそれは今も続いています。

京都に対して優雅で風流な印象を持つ人は多いと思いますが、実は、〝戦乱の都〟という側面も持っています。京の歴史は、数多くの事件や戦とともに刻まれてきました。南北朝の内乱、応仁の乱、本能寺の変、池田屋事件、蛤御門の変……ちょっと思いつくだけでも、それぞれの時代で大きな争いがいくつもあったことがわかりますね。今の姿を知っていると信じられないかもしれませんが、何度か焼け野原にもなったといいます。

政治や文化の中心でもあったために権力闘争も常にあり、理不尽な運命に泣いた人も多かったことでしょう。

雅な京都は、その背後に、悲劇の都という顔を持っているのです。歴史の舞台となった場所。歴史のひとこまを切り取った光景。今の京都を歩いても、〈せつなさ〉の欠片《かけら》はそこらじゅうに見つかります。

そもそも、人が〝生きる〟という営みそのものがせつないもの。人は生まれてから、その命を閉じるまで、孤独や悲しみと隣り合わせで生きていかねばなりません。ときにはそれがあまりに苦しくて、前に進むことさえできなくなることがあります。

そんなときには是非この本を読んでみてください。あなたのせつなさを包み込んでくれる街が、ここにあります。

世界中の人々を惹《ひ》きつけてやまない京都は、実はせつなさの積み重ねでできていたのです。京都の長い歴史のなかで、どれほど多くの人たちが胸を痛めてきたことか。そして、そんな思いの隣には、必ずや、愛や優しさや思いやりがあったことでしょう。

きっと、お気づきいただけることでしょう。せつなさがこの街の「美しさ」につながっていることに。そして、「せつない」と感じるとき、私たちの心にほんのりとした「甘さ」も生まれることに。

多くの人が京都という街に否応なく惹かれ、囚われてしまう理由は、せつなさのせいかもしれません。

せつない京都の数々を、どうぞ存分に味わってください。

せつない京都／目次

地図作成・ＤＴＰ　美創

第一章
せつない神社 せつないお寺

京都市内広域図

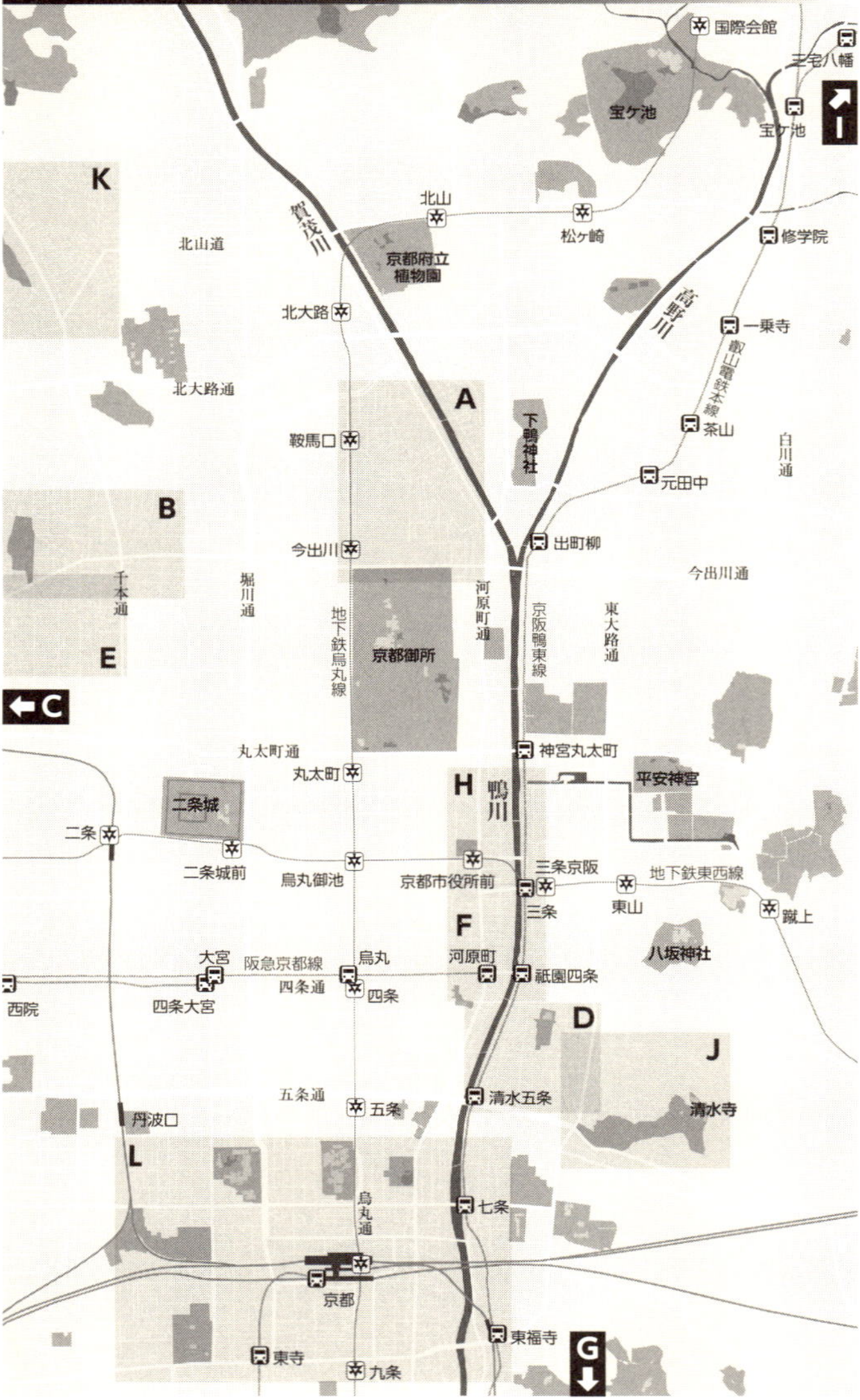

国際会館
三宅八幡
宝ケ池
宝ケ池
I
K
北山
松ケ崎
修学院
賀茂川
北山通
京都府立
植物園
高野川
北大路
一乗寺
叡山電鉄本線
北大路通
A
下鴨神社
茶山
鞍馬口
白川通
元田中
B
出町柳
今出川
今出川通
千本通
堀川通
河原町通
京阪鴨東線
東大路通
地下鉄烏丸線
E
京都御所
C
丸太町通
神宮丸太町
丸太町
H
平安神宮
鴨川
二条城
二条
二条城前
三条京阪
烏丸御池
京都市役所前
地下鉄東西線
東山
三条
蹴上
F
大宮
阪急京都線
烏丸
河原町
八坂神社
祇園四条
四条通
四条
西院
四条大宮
D
J
五条通
清水五条
五条
清水寺
丹波口
L
烏丸通
七条
京都
東福寺
G
東寺
九条

「宗旦稲荷社（相国寺）」
――茶の道を究めた狐のせつない最期

Map A

『京都の路地裏』というタイトルで幻冬舎さんから新書を出させていただきましたが、そのなかで〈路地裏細道の不思議発見〉という章を作りました。

通りと通りのあいだを結ぶように、京都にはいく筋もの細道があります。そのなかで通り抜けできるものを辻子《ずし》、行き止まりの道を路地《ろーじ》と呼ぶのですが、それらの細道には、しばしば不思議が佇《たたず》んでいます。

神社やお寺などに伝わる、摩訶不思議《まかふしぎ》な言い伝えのなかにはせつない話が多くひそんでいます。まずはそんなお話からはじめましょう。

最初にお話しするのは、せつない狐《きつね》の物語です。物語の舞台は「**相国寺**《しょうこくじ》」。京都五山《ござん》の第二位に列せられる由緒正しい名刹《めいさつ》です。いわゆる観光寺院ではありませんので、その名前を聞いても、どこのどんなお寺か、思い浮かばない方が多いかもしれませんが、皆さんよくご存じの「金閣寺《きんかくじ》」や「銀閣寺《ぎんかくじ》」は、この「相国寺」の境外塔頭《けいがいたっちゅう》（すなわち、寺社の敷地の外にある〝坊〟や〝小院〟のこと）だと言えば、きっと驚かれることでしょう。そんな「相国寺」がどこにあるかといえば、「京都御苑《きょうとぎょえん》」のすぐ北側。つまり京都の中心にあるお寺なのです。

狐と京都の意外な関係

さて、「相国寺」の話をする前に、狐と京都の話をいたしましょう。

「京都と狐」といえば、外国人観光客にも大人気の**「伏見《ふしみ》稲荷大社《いなりたいしゃ》」**が最初に浮かぶ人が多いかもしれません。「伏見稲荷大社」に限らず、お稲荷さんは狐を祀《まつ》っていますが、その起源は京都に都が築かれるはるか以前にさかのぼります。

〈稲荷大神《いなりおおかみ》〉のお使いとされる狐ですが、実は、野山を駆け回る、あの狐と同じではないのだとか。お稲荷さんでは、目に見えない神さまの象徴として、透明、もしくは白い姿をした動物を狐として祀ったというのですが、さほどの説得力を持たない気もします。お稲荷さんに祀られている姿は、どこからどう見ても、〝動物の狐〟そのものですから。

そんな狐。実際に、京都の街ではよく出没していたようです。というのも、今でこそ都会の顔をしている京都ですが、つい最近までは山国だったのです（僕が子どものころ、つまりは半世紀ほど前までの洛北では、鶏《にわとり》を飼う家も少なくなく、不意の客人へのご馳走《ちそう》に、飼っていた鶏をつぶすことも珍しくはありませんでした。僕の義弟などは、首を落とされた鶏が庭を走り回るのを見て、鶏肉を食べられなくなったというのですから）。

そういえば、子どものころに、近所のうどん屋のおじさんから、面白い話を聞いたことがあります。「きつねうどんの油揚げが細切りにされているのは、きつねが食べやすいからだ」と。子どもごころに、京都には本当に狐がそこいらにいるのかと驚いたものです。

――おや？　と思った方がいるでしょうか。きつねうどんの油揚げが細切り？　と。

京都では蕎麦《そば》よりうどんが好まれますが、その代表とも言えるのが〈きつねうどん〉です。発祥は大阪だと言われていますが、甘く煮付けた四角い油揚げを具にする大阪と違い、京都では味の付いていない油揚げを細切りにしたものを具にするのが一般的なのです。その理由が「狐が食べやすいから」というのは、なんとも京都らしくて、趣があると思いませんか。

こんなふうに、京都にいると、狐がとても身近にいるように感じられるのです。

なぜ相国寺の狐が、人々に愛されたのか

実際にその姿を現し、京の人々をだましたにもかかわらず、親しまれ、愛されたゆえに祀られた狐がいました。その不遇の死を悼《いた》み、寺の僧侶たちが社《やしろ》を建立《こんりゅう》したというのですから、ただの伝承ではありません。そう、いよいよ名刹《めいさつ》「相国寺」の登場です。境内にある「**宗旦稲荷社**《そうたんいなり》」がその〝社〟です。

その狐は、ただ人間に化けるだけではありませんでした。囲碁を打てば名人でも太刀打《たちう》ちできず、浄瑠璃《じょうるり》を語れば多くが聞きほれるほど。まさかそれが狐だとは誰も気づかなかったといいます。

そしてこの狐が最も得意としていたのが〈茶の湯〉だったのです。

安土桃山時代、血縁はないものの千利休の孫として育てられ、今の三千家を創始した千宗旦《せんのそうたん》という茶人がいました。その宗旦はしばしば「相国寺」で茶会を開いていたのですが、いくつもの茶席を掛けもちするほどの人気ゆえ、遅刻することも少なくありませんでした。

それを知った狐は先回りし、宗旦に化けて茶を点《た》てました。名人のほまれ高い宗旦の点《て》前《まえ》を真似《まね》て茶を点てるのですが、誰も気づかないほど見事な所作です。

そんなことが二度三度続いたある日のこと。塔頭「**慈照院**《じしょういん》」の茶室開きで、いつものように狐が点前を披露していたところに宗旦が遅れてやってきました。宗旦はその様子に驚きつつも、見事な点前に感じ入ります。ところがあわてた狐は茶室の窓を突き破って、逃げていってしまいました。

〈頤神室《いしんしつ》〉と呼ばれる茶室の窓は、そのときに破られた跡を修復したため、今もふつうの茶室の窓より大きくなったままだと言われています。逃げた狐が宗旦狐《そうたんぎつね》と呼ばれるようになったのはこのときからです。

ところで、なぜ狐の好物が油揚げかといえば、狐の好物であるネズミの代わりに揚げた豆腐を使うようになったからだとか。焼け落ちた家のなかに焼死したネズミがいると、狐はそれを好んで食べたそうです。失火の原因はたいてい行灯《あんどん》の油だった時代、ネズミは油火で焼け死んだせいで香ばしかったのでしょう。

ネズミを食べると狐は神通力《じんつうりき》を失ってしまう――。母狐からそう教わっていた宗旦狐ですが、ある日うっかり豆腐屋の裏庭で、焼け死んでいたネズミを食べてしまいました。

さて、神通力をなくした宗旦狐は、化けているつもりでも丸見えです。あちこちで石も て追われるようになり、あげく井戸に落ちておぼれ死んでしまいました。

それを知った「相国寺」の僧侶たちが、宗旦狐を憐《あわ》れんで、祠《ほこら》を建てて祀ったのが「宗旦稲荷社」なのです。

鐘楼《しょうろう》の裏側にひっそり佇む社には、しばしば油揚げが供えられていますが、不思議なことに、それを供える人の姿は誰も見たことがないといいます。きっと子狐の死を悼んで、母狐が供えているのだろうと地元の人は話しています。子どもに先立たれた母親の心中は察するにあまりあります。なんともせつない話ですね。

「水田玉雲堂」の唐板。五百年以上の歴史を持つ門前菓子

「宗旦稲荷社」のある「相国寺」から少し北に歩いたところにある「**御霊神社**《ごりょうじんじゃ》」は、〈応《おう》仁《にん》の乱〉が勃発したところとして知られた神社です。

京都の街をことごとく焼き尽くしてしまった戦は、この辺りからはじまったのです。

この神社は、不遇の死を遂げた崇道天皇《すどうてんのう》らの祟《たた》りを恐れた桓武天皇《かんむてんのう》が、その御霊《みたま》を祀ったことからはじまりました。

その門前菓子として知られているのが〈**唐板**《からいた》〉という煎餅《せんべい》菓子で、「**水田玉雲堂**《みずたぎょくうんどう》」というお店ただ一軒で作られています。一四七七年の創業といいますから、五百年以上の歴史

を持つ、正真正銘の老舗です。〈唐板〉は、平安時代に起源を持つと言われる、疫病除《えきびょうよ》けの神饌《しんせん》（神さまに供えるお酒や食事）を再現したもので、当初は神社の境内で売られていたようです。

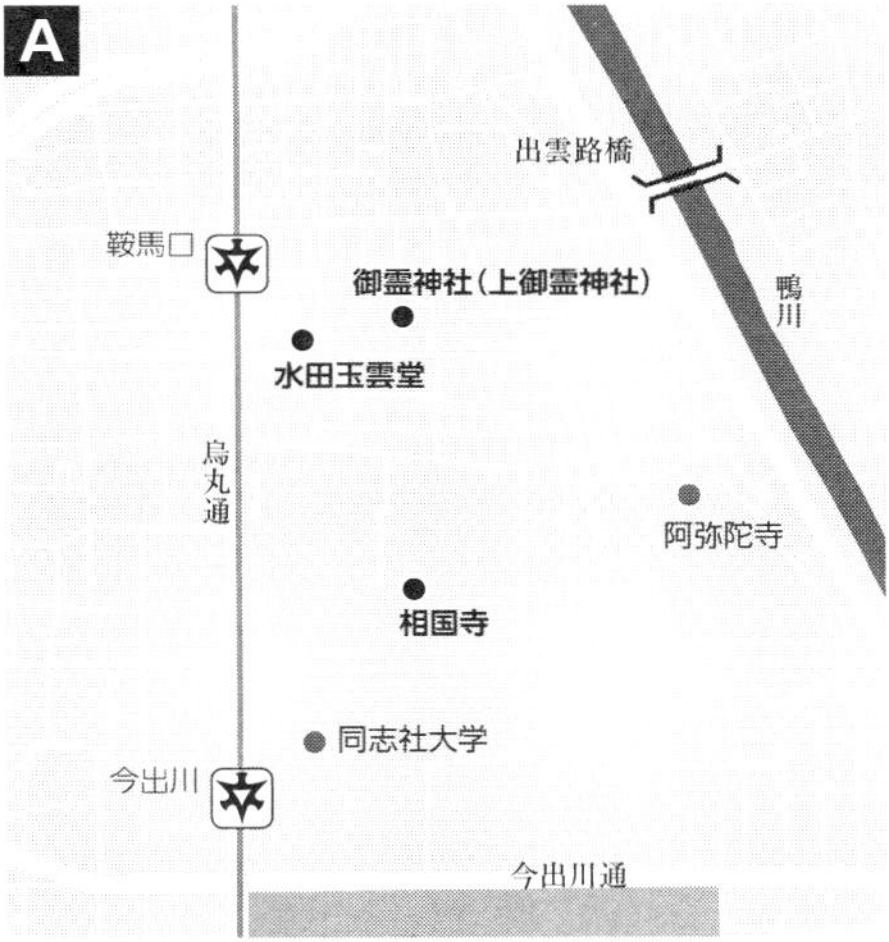

お砂糖の蜜と、卵や小麦粉を合わせて薄く伸ばしたものを、短冊状に切って焼いた、控えめな甘さと、しっかりした歯ごたえが独特の風味を醸《かも》しだす、素朴なお菓子なのですが、これを〈唐板〉と名付けたのは、唐の国の菓子をお手本にしたからでしょう。

実は、この菓子は一子相伝《いっしそうでん》でした。ところが、これを作り続けていた主人が病に倒れ、亡くなったことで、お店がいったん閉じられてしまったのです。しかし、惜しむ声のあまりの多さに、一念発起した奥さんが、試作に試作を重ね、見事復活を遂げました。

一年半ぶりに暖簾《のれん》があがったのは、つい最近、平成三十年（二〇一八年）二月です。お店を是非訪ねてみてください。そして〈唐板〉を食べてみてください。ほんのひとつのお菓子にも、長い歴史があり、作り続けてきた人の想いがあると知ることで、格別の味わいを感じられることと思います。そして奥さんの心を思うと、僕はせつなさが込み上げてしまうのです。

〈千本釈迦堂〉おかめ塚
——職人の悲しみを擁した〝国宝〟

Map B

京都といえば雅《みやび》なイメージが真っ先に浮かぶと思います。平安京と重ねることが多いせいか、おじゃるおじゃると言いながら、のんびり過ごすお公家さんたちばかりが住む街のように思われがちですが、実際は忙しく立ち働く職人さんが多く暮らす街なのです。

代表的なものが伝統工芸ですね。西陣織《にしじんおり》をはじめとして、染物や織物などの和装関係。千家十職《せんけじっしょく》（千家の茶道にかかわる、陶工、塗師《ぬし》など十種の職）と呼ばれるような茶道具関係。京料理を育ててきた調理用具関係。すべて職人さんありきで、長く京都に伝わってきたのが伝統工芸です。

そうした町衆のなかに息づく職人仕事もあれば、一方で、お寺や神社などの宗教施設を守り育てるのも職人さんの仕事です。

神職の装束《しょうぞく》や僧侶の法衣《ほうえ》などの衣装も、専門職の手によって作り続けられていますし、お寺や神社の庭園を手入れする庭師や植木屋さんも、職人さんがいなければ成立しません。

忘れてならないのは宮大工《みやだいく》さん。お寺や神社の建築にはこまかな決まりごとがあり、ふつうの大工さんだけではできないと聞きます。その宮大工さんにまつわる、ちょっとせつないお話をしましょう。

正式名称「大報恩寺」。通称〈千本釈迦堂〉

場所は千本今出川《せんぼんいまでがわ》。洛中西陣《らくちゅうにしじん》の中心地といってもいいこの場所には、お寺や神社がいくつも建っています。いわゆる観光寺社ではありませんが、それぞれの寺社は由緒正しい歴史を持っていて、つぶさに見て歩くとあっという間に時間が経《た》つほどにたくさんの見どころがあります。

千本今出川の交差点を北に向かって、西側の歩道を歩いてみましょう。

ガソリンスタンドを越えてすぐ、長い歴史を感じさせるお菓子屋さんが見えてきます。ここは「千本玉壽軒《せんぼんたまじゅけん》」というお店で、江戸時代から続く和菓子商の流れを汲《く》み、創業は昭和十三年といいますから、八十年ほどの歴史を誇っています。

季節の上生菓子だけでなく、お干菓子や羊羹《ようかん》などの日持ちするお菓子も豊富に揃《そろ》えていますから、京土産には最適です。

さらに北へ進むと、五辻通《いつつじどおり》という狭い通りと交わりますので、この通りを西に歩きます。

通りの名前の由来についてご説明しましょう。これは、五つの辻（十字路）があったから、ではなく、後鳥羽上皇《ごとばじょうこう》の院御所であった五辻殿《いつつじどの》が、かつてこの通りに建っていたことから、こう呼ばれるようになったと伝わっています。

平安時代からあったと言われる古い通りです。通り沿いには立ち寄りたいお店が何軒もありますが、先を急ぎましょう。

左手、すなわち南側の細道を数えて四筋目《よすじめ》になるでしょうか。右手にお寺の入口が見えてきます。大きな石碑には〈国宝　千本釈迦堂《せんぼんしやかどう》〉と刻まれています。このお寺が今回の舞台です。奥へ延びる石畳の参道を歩いてみましょう。

このお寺の名前である〈千本釈迦堂〉というのはあくまでも通称で、正式には「大報恩《だいほうおん》寺《じ》」といいます。

京都では、通称は誰もが知っているのに正式名称はほとんど知られていないお寺というのが、よくあります。この〈千本釈迦堂〉がその典型です。

何十年も前のこと。僕は、このお寺を訪ねようとして千本今出川の近くを歩いていました。そのころはまだグーグルマップのような便利なものはなかったので、ガイドブックの地図を片手に、迷っていました。

今ふうのブーランジェリーではなく、昔ながらのパン屋さんがすぐ目の前にありましたので、おやつのパンを買い求めて店に入ると、店員のおばさんに道を訊《たず》ねました。

「『大報恩寺』というお寺へはどう行けばいいでしょう？」

「ダイホウオンジ？　そんな寺聞いたことおへんな。どこぞと間違うてはるのと違います？」

おつりを手渡しながら、おばさんが答えました。

ガイドブックの地図にもちゃんと載っているし、間違ってはいないはずなのだけど。そう思いながら店を出て、少しお行儀が悪いのですがカレーパンを立ち食いしていました。出来たてであまりに美味《おい》しそうで我慢できなかったのです。

油まみれになった指先をハンカチで拭いていると、さっきのパン屋さんのご主人らしき男性が声をかけてきました。店の前で立ち食いしているのをとがめられるのかと身構えましたが、そうではありませんでした。

「『大報恩寺』さんやったら、その信号を北へ上って、ひと筋目《すじめ》を東に行きなはれ。左側で数えてふた筋目の右手に入口がある。分からなんだらその辺でもういっぺん誰かに訊ねたらええ。けどな、『大報恩寺』てな名前、この辺の人には通じひんで。〈千本釈迦堂〉て言うたら子どもでも知ってるさかい、そう言うて訊《き》きや」

京都の街歩きをはじめたばかりの僕にとって、このアドバイスは後々までおおいに役立ちました。

今では通称表記がメインになってきましたが、当時の地図やガイドブックは主に正式名称で表記していました。ですから、それを目印として探し歩いていたのでは、なかなかたどり着かない。それでは近所の人にもタクシーの運転手さんにも通じないと分かって、以降は、通称で探すようになりました。

この〈千本釈迦堂〉の近くでいえば、「石像寺《しやくぞうじ》」や「引接寺《いんじようじ》」があります。前者は通称〈釘抜地蔵《くぎぬき》〉、後者は〈千本ゑ《え》んま堂〉です。京都の人たちはたいていがこの通称しか覚えていないのです。興味深いですね。

宮大工の夫婦に何が起こったか

話を〈千本釈迦堂〉に戻しましょう。

創建は安貞《あんてい》元年、すなわち一二二七年です。そして、この寺の何が国宝かといえば、参道の先に建つ本堂なのです。京都にはたくさんの国宝がありますが、本堂が国宝に指定されている寺はきわめて珍しいのではないかと思います。

ではなぜ、さほど名が知られていないこのお寺の本堂が国宝なのでしょうか。それは、創建当時の姿を今に残しているから。八百年近くも前の建築物がそのまま残されているという、とても貴重なものだからなのです。

平安の都のイメージが強いせいでしょうか。京都には古くからの建築物が今も残されていると思われるかもしれませんが、実はそうではありません。近年、ベストセラーが出て話題になった〈応仁の乱〉。あの戦によって、京の街はことごとく戦火に遭い、焼き尽くされてしまったのです。

〈応仁の乱〉が終結したのは文明《ぶんめい》九年、つまり一四七七年ですから、今の京都に残されている建築物のほとんどはそれ以降に建てられたもの。せいぜいが五百数十年の歴史ということになります。もちろんそれでも充分価値はあるのですが、八百年には遠く及びませんね。八百年前にも、もちろん宮大工さんは活躍しておられたわけですが、この近くに住んでいた棟梁《とうりょう》に長井《ながい》飛騨守高次《ひだのかみたかつぐ》という方がいました。休むことなく連日続いた仕事のせいでしょうか、あろうことか高次さんは四方に建てる予定だった柱のうちの一本を短く切ってしまったのです。

さて困った。代わりの木材などそう簡単に入手できるわけがない。かといってそのまま建てると、当然のことながら歪《ゆが》んでしまう。思い悩んだ高次さんは、女房のおかめに打ち明けました。するとおかめがこう言いました。

――いっぺん切ってしもうた木は戻りまへん。いっそのこと、ほかの柱もみな短ぅ切ってしもて、斗組《ますぐみ》を付けたらええんと違いますか――

斗組というのは軒《のき》の重力を支える部分のことですが、高次は妙案とばかり、おかめの提案にしたがい、ほかの三本も短く切ってことなきを得ます。

しかし、もしもこのことが世間に知れたら、と案じるおかめの気持ちは、ふさぐいっぽうです。素人である妻の思い付きに乗ったとなれば、名棟梁と呼ばれる夫の名声に傷がつくのではないか。余計なことを言わなければよかったと後悔しても遅い。思い余っておかめは上棟式を前に自害してしまいます。

高次の嘆きは、傍《はた》で見ていられないほどだったといいます。そりゃそうでしょう。自分がミスをしなければ妻のおかめは死なずに済んだのですから。

嘆き悲しむ高次は、おかめの顔ややさしい心をお面に刻んで、三本の扇子《せんす》と一緒に棟札《むなふだ》（建物建築の記念に、建物の由緒や建築関係者、建築年月日などを記した札）の上に掲げることにしたのです。この棟札は今も京都に伝わっています。実は僕は、若いときにローンを組んでマイホームを建てたのですが、そのときの上棟式で、おかめさんのお面を付けた棟札を天井裏に納めたことがあります。なぜおかめさんのお面が付いているのか不思議に思って、建築屋さんに訊ねたのですが、昔からのことだ、と言われ、謎は残ったままでした。それがあるとき、この〈千本釈迦堂〉を訪ねたことで、いわれを知ったというわけなのです。

本堂の前に立つ石塔は、江戸時代になってから、おかめの功績をたたえて建てられ、やがて〈おかめ塚《づか》〉と呼ばれるようになりました。八百年の時を経た今も、夫婦円満を願う人たちの信仰を広く集めています。

行列に並ばなくても気軽に見られる「国宝」

さて、その高次さんらの手によって建てられた本堂にも入ってみましょう。ここでは貴重なものが見られます。

言うまでもなく〈応仁の乱〉は東陣と西陣に分かれ、十年余にもわたって激しい戦いを繰り広げたわけですが、この〈千本釈迦堂〉は西陣の本拠地とも言われたお寺です。焼け落ちても当然だったのですが、奇跡的に戦火を免れました。その代わり、というのもおかしな言い方かもしれませんが、生々しい戦の跡が本堂に残されていて、手で触れてそれをたしかめることができるのです。

柱に残っているのは刀疵《かたなきず》、矢の跡などです。時代劇でしか見たことのない場面がきっと幾度となく繰り返されたのでしょう。おかめさんの機転によって無事に建てられた本堂で、殺し合いが行われた。人間の業の深さに思いが至り、感慨深いものがあります。

それにしても国宝のなかに入りこめるというのはありがたいことですね。展覧会などでも国宝となれば手を触れることも叶《かな》わず、写真を撮ることさえ禁じられるのがふつうです。なのに、ここでは手触りもたしかめられ、写真におさめてもかまわないのです。もちろんそのために長い行列を作ったりもしなくていいのです。いつ訪ねても気軽に拝観することができます。滅多にない機会ですから、つぶさに見ておきましょう。

このお寺では、もう一か所、是非見ておきたいところがあります。

本堂の横に建てられた宝物殿。ここには、まさに京都の宝と呼ぶべき品々が収納され、それを間近に見ることができます。

広々とした宝物殿。圧巻は快慶《かいけい》作と伝わる〈**十大弟子像**《じゅうだいでしぞう》〉と、定慶《じょうけい》作と言われる〈**六観音像**《ろくかんのんぞう》〉です。その精緻な造りといい、想像を超える大きさといい、これが鎌倉時代の作だとは思えないほど保存状態も優れています。残念ながら写真撮影は禁じられていますから、しっかり目に焼き付けておきましょう。

絵に描いたような良妻のおかめさん。その愛らしい顔つきの裏に秘めた、芯の強さと機転を利かせる知恵。八百年経ってもその価値は色あせるどころか、ますます輝いて見えるのも京都らしいところです。

さて、この辺りでランチを、となったときのおすすめのお店を何軒かあげておきましょ

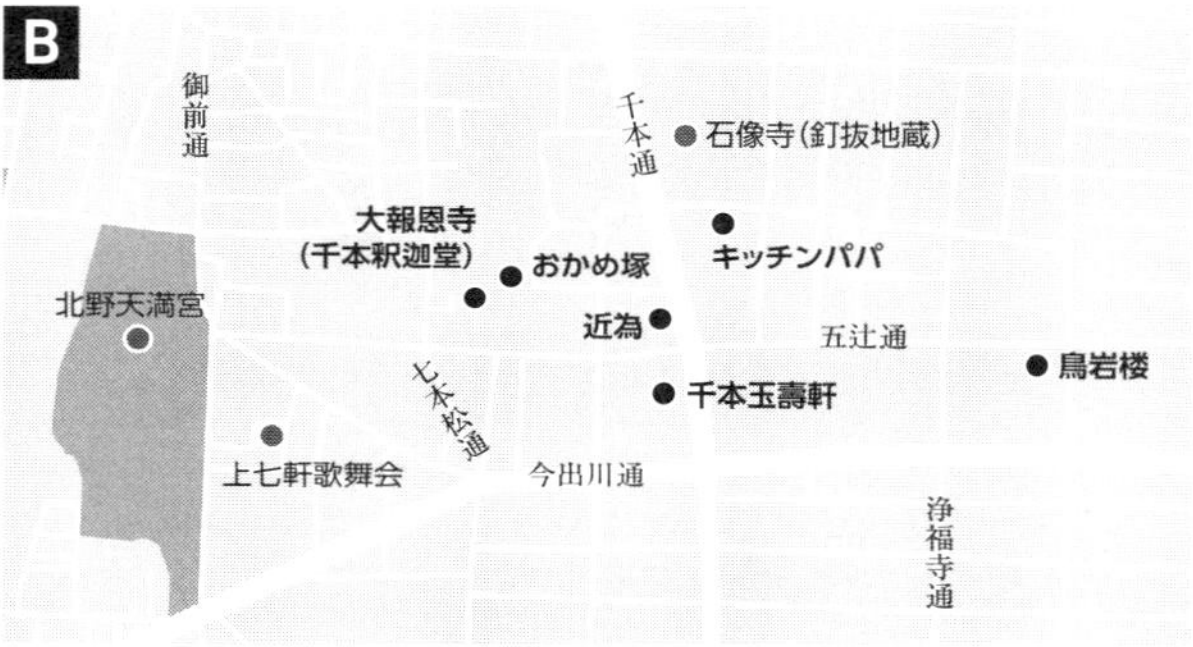

う。

ランチのおすすめその1「近為」

「近為《きんため》」は、基本はお漬物屋さんですが、お店の奥の座敷で〈おつけものコース〉と名付けられたお茶漬けを食べることができます。設《しつら》えや器遣《うつわづか》いもよく、美味しいお漬物とご飯を愉《たの》しめます。必ず事前予約をして出かけるようにしましょう。二千円ほどで、所要時間はおおむね一時間。観光の合間の食事としては恰好です。

ランチのおすすめその2「鳥岩楼」

さらに手軽に、となればこのお店をおすすめします。「鳥岩楼《とりいわろう》」は、鶏鍋をメインにした鶏料理屋さんですが、お昼どきには手軽な親子丼が食べられます。人気店ですから行列ができることもしばしばですが、回転が速いのでそれほどの待ち時間にはなりません。お出汁《だし》のきいた親子丼はいくらか甘めですが、付いてくるスープと一緒に味わえば、京都らしい食を手軽に愉しめます。

ランチのおすすめその3「キッチンパパ」

京都は洋食の美味しい街として知られていますので、名所の近くにも必ずと言っていいほど、美味しい洋食屋さんがあります。〈千本釈迦堂〉の近くなら「キッチンパパ」です。表から見るとお米屋さんなのですが、奥に洋食屋さんが隠れています。こんなところも京都らしいですね。母体がお米屋さんですから、ご飯の美味しさは格別です。もちろんハンバーグやエビフライなどの定番洋食の味も間違いありません。

悲恋の「祇王寺」「滝口寺」
――嵯峨野に伝わるせつない物語

Map C

「伏見稲荷大社」と並んで、外国人観光客に人気のスポットといえば、嵯峨野《さがの》の名前があがります。世界文化遺産に登録された「天龍寺《てんりゅうじ》」をはじめとして、嵯峨野嵐山界隈《あらしやまかいわい》にはたくさんの古刹名刹《こさつめいさつ》が点在しています。

多くの観光客のお目当てはそれらのお寺なのかと思えば、どうもそうではなくて、両側を竹林に囲まれた細道を歩くのが目的なのだそうです。つまりはフォトジェニック、今ふうの言葉で言えばインスタ映えする景色に人気が集まるようです。そういえば、観光スポットとして外国人の人気ナンバーワンの「伏見稲荷大社」も、ご利益がどうとか、由緒があるからとかではなく、延々と〝朱〟が続く、あの千本鳥居《せんぼんとりい》をお目当てにしての参拝人気らしいです。

嵯峨野の竹林の緑、お稲荷さんの朱。たしかに色目がいいですね。くすんだ色を好む傾向の強い日本人と違って、外国人にとっては、鮮やかな色が強く印象に残るのでしょう。

〝インスタに載せる写真〟の特徴としては、自撮りというのでしょうか、自分がそのなかに写り込むようにして撮るのがお決まりになっていますね。その際、ほかの人が写り込まないようにするため、順番に場所を譲《ゆず》っていくことになります。歩きながらも渋滞が起こるのも当然のことですね。

嵯峨野を歩く

嵐山の駅から近い「野宮神社《ののみやじんじゃ》」辺りの竹林は、多くの通行人が行き来し、写真を撮ったりしていますので、どうしてもざわついた空気になりますが、少し嵯峨野の奥に行きますと、落ち着いた雰囲気が漂ってきます。

竹林の小径《こみち》から嵯峨野線の線路を渡って、小倉池《おぐらいけ》辺りまで来ると、少しばかり人が減ってきます。

左に「常寂光寺《じょうじゃっこうじ》」、右に「落柿舎《らくししゃ》」、少し歩いて左に「二尊院《にそんいん》」。名所が続きますが、この辺りまで来て戻ってゆく、というコースをたどる人が多いように見受けられます。

「二尊院」の山門を左に見て、真っすぐ北に歩くと、突き当たりになります。右に進めば「清凉寺《せいりょうじ》」へと行くことができます。そちらの門前には「森嘉《もりか》」というお豆腐屋さんがあり、京豆腐の原型とも言われる〈嵯峨豆腐〉の名店として知られています。観光客はもちろんですが、京都の人たちからも人気があり、買い出しに来た人が行列を作っているのも見慣れた光景です。

それはあとに回すとして、突き当たりを左に進んでみましょう。

すぐにゆるやかな右カーブの道になり、大きなお屋敷が建ち並んでいるのが目に入ります。

この道は京都府道五十号線と呼ばれているのだそうですが、住宅街のなかにあって、殺風景と言われれば否定はできません。見どころがあるわけでもなく、情緒ある街並みでもないので、少し退屈かもしれません。

ところどころに土産物屋さんや茶店があったりして、観光地の片りんを窺《うかが》わせますが、特に立ち寄ることをすすめたりはしません。ひたすら道なりに進みましょう。

また左に大きくカーブします。直進する細道もありますが、道路舗装の色が同じ道を歩きます。

やがて、今度は大きく右にカーブする府道ですが、目的地に行くには直進です。府道より細い道には、中央に石畳が敷かれ、その曲がり角には何本もの石柱が建っていて、道路標識には「祇《ぎ》王《おう》寺《じ》」と白く書かれた木の表示板が付けられています。

この先にあるのは「**祇王寺**」と「**滝口寺**《たきぐちでら》」。どちらも古刹というようなお寺ではありませんが、『平家物語《へいけものがたり》』ゆかりの悲恋の舞台として知られています。

もしも時間がなくて、どちらかひとつのお寺だけしか拝観できない、そんな場合は、迷うことなく「滝口寺」をおすすめします。でも、時間がたっぷりあるなら、まずは手前にある「祇王寺」から拝観しましょう。

平清盛に心変わりされた祇王の悲しみ

〈祇王〉とは、『平家物語』に登場する女性の名で、白拍子《しらびょうし》の舞を得意としていたことで知られています。白拍子というのは、平安時代の末ごろから鎌倉時代にかけて流行した歌舞の一種です。たいていは、男性に扮《ふん》した子どもや遊女が歌って踊るものだそうで、宝塚歌劇の元祖のようなものかもしれませんね。白拍子といえば、よく知られているのは源義経《みなもとのよしつね》です。静御前《しずかごぜん》が法成橋《ほうじょうばし》で白拍子を舞うのを見てひとめ惚《ぼ》れしたというのは有名な話ですね。

そしてこの寺の名前にもなっている、祇王にひとめ惚れしたのは、平清盛《たいらのきよもり》です。近江生まれの祇王は、母と妹を伴って京都へと出てきて、妹とふたりで白拍子になり、清盛の寵愛《ちょうあい》を受けることになります。

蜜月はしばらく続き、清盛は祇王の願いはなんでも叶えてしまうという溺愛ぶりだったようです。

少し余談になりますが、あるとき祇王が生まれ故郷の地の干害を嘆いたところ、それを聞いた清盛が、すぐさま水路を改善したとか。

野洲川《やすがわ》から祇王の故郷の村に引かれた水路は、祇王井《ぎおうい》と呼ばれるようになり、今もそれは祇王井川という名で残っています。

素敵な話ですね。ふつうだとこういうときに、高価な装飾品などを所望するのでしょうが、故郷のためになるものをリクエストした。それだけで祇王の人柄がしのばれます。

さてしかし、ときの権力者というものはすぐに心変わりするのが常です。清盛も例にたがわず、新たに出現した仏御前《ほとけごぜん》に心を移してしまいます。

そうなると祇王が目障《めざわ》りになってしまうんですね。ひどい話です。ついには母、妹と一緒に屋敷を追い出してしまいました。

と、ここで話が終わらないのが悲恋の奥深さです。

屋敷を出た祇王に、清盛から連絡が入ります。それはなんと、元気がない仏御前の前で白拍子を舞ってくれという、なんとも身勝手な願いごとでした。自分から追い出しておいて、その原因となった女性のために舞えという、理不尽な話に憤慨するものの、心根のやさしい祇王は、清盛の願いを聞き入れ、仏御前の前で舞ったのです。

情けなくみっともない自分の姿に、祇王は後悔のあまり自害をも決意しますが、母親に説得され出家することにしました。

それが当時の〈往生院《おうじょういん》〉という名前のお寺で、やがて「**祇王寺**」となるのですが、明治のはじめごろに廃寺となってしまいます。

祇王の運命さながらに紆余曲折《うよきょくせつ》を経たこのお寺は、当時の京都府知事や大覚寺《だいかくじ》門跡の僧の尽力もあって、明治の半ばに再建されて今に至っています。

竹林におおわれた参道、一面に苔《こけ》むす境内。鮮やかな緑の多い寺は、悲恋の舞台とは思えないほど美しい佇まいです。

身分違いの恋の行く末は

さてこの「祇王寺」とすぐ隣り合って建っている「**滝口寺**」にもまた、悲恋の物語が伝わっています。

「祇王寺」を悲恋と結びつけるのは少々無理があったかもしれません。何しろ時の権力者がいっときの思いを寄せただけのことで、祇王が清盛に恋心を抱いていたかどうかといえば、大きな疑問符が付きますからね。

そこへいくと、この「滝口寺」のほうは間違いなく悲恋です。

「祇王寺」の侘《わ》びた山門を出て、すぐ横の狭い石段を上っていくと、山門と呼ぶには少々侘しい入口があります。お隣の「祇王寺」に比べると寂れた印象があるのは否めません。そしてその入口付近には、拝観料を払わずに入ったり、写真を撮ったりすることをとがめる注意書きが掲示されています。ただ撮りを目論《もくろ》む不届きものが多いのでしょう。困ったことです。

ちゃんと拝観料を納めて境内に入ると、道しるべのような案内板が目に入ります。そこには、〈右　新田義貞公首塚《にったよしさだこうくびづか》　左　勾当内侍供養塔《こうとうのないしくようとう》〉と矢印とともに記されています。

新田義貞といえば、足利尊氏《あしかがたかうじ》と一緒に鎌倉幕府を滅ぼしながらも、時代の波にもてあそばれ、越前国《えちぜんのくに》で思いがけず命を落とした武将です。その妻だった勾当内侍は、都に晒《さら》されていた夫の首を持ち去り、この地に葬ったのだそうです。武士の妻の鑑《かがみ》といっていいでしょう。ほとんど知られていませんが、「滝口寺」の、もうひとつの悲恋物語です。

さて悲恋の本命、というのもおかしな言い方かもしれませんが、寺の名前にもなっている滝口の話に入りましょう。

のちに滝口入道《にゅうどう》を名乗るようになった斎藤時頼《さいとうときより》は、平重盛《たいらのしげもり》に仕えていました。そして平重盛の妹である建礼門院《けんれいもんいん》に仕えていた横笛《よこぶえ》という女性と、恋に落ちてしまうのです。

ところが時頼の父は、身分の違う女性に恋をした息子を厳しく叱責し、ふたりを引き裂いてしまいます。

ここまでなら今の時代にもなくはない話でしょうが、ここから先がちょっと意外な展開になります。

小説家としては、ふたりには駆け落ちしていただきたい。もしくは父に反逆して父を失脚させるくらいの男気を見せてほしいものです。

ところがこの時頼は深く反省し、出家してしまうのですから、どうにも絵にならない男です。恋人にすごすごと退散されてしまったのでは、横笛も立つ瀬がありませんよね。

それでも健気《けなげ》な横笛は、風の噂を耳にして、時頼が修行していると思《おぼ》しき、当時は〈三《さん》宝寺《ぼうじ》〉と呼ばれていたこの寺を訪ねます。〈三宝寺〉はどうやら、〈往生院《おうじょういん》〉のなかにあったようですから、〝平家物語つながり〟だけでなく、地続きの話でもあります。

寺にやってきた横笛は、時頼にひと目だけでも会わせてほしいと、応対に出てきた僧侶に懇願します。それを聞いて、滝口入道と呼ばれるようになっていた時頼はびっくりします。

襖《ふすま》のすき間からのぞくと、そこにはやつれきった顔の横笛が立っています。出家していなければ、すぐにでも抱きしめたのでしょうが、ほかの僧侶の手前、そうもいきません。

仲間の僧侶に頼んで不在を告げさせます。そんな人物はここにはいないと。

訪ねてきた横笛も、それを門前払いした時頼も、どちらも辛《つら》かったでしょうね。

楚々《そそ》とした嵯峨野の竹林にふさわしい、平家物語ゆかりの悲恋の舞台。「祇王寺」より「滝口寺」をおすすめするわけがお分かりいただけたでしょうか。

〈嵯峨豆腐〉を嵯峨野で食す。「西山艸堂」の湯豆腐

さて、嵐山界隈でランチとなれば、なかなかの難問です。有名観光地の宿命とでもいいましょうか、値段の割に内容が今ひとつというお店が多いのです。

そこでおすすめしたいのが「**天龍寺**」の境内で食べられる二軒のお店です。一軒は駅のすぐ近くにある「**西山艸堂**《せいざんそうどう》」。湯豆腐の美味しいお店です。

先にも触れましたが、京豆腐がそれほど有名になる前から、「清凉寺」の門前に店を構える「森嘉」の豆腐は、京都人のあいだで人気を呼んでいました。

豆の味がちゃんと感じられて、なめらかな舌触り。しかもこのお店に来ないと買えないのですから、人気が出て当然ですね。お店では〈嵯峨豆腐〉と呼んでいます。

今でこそ京野菜のほうが名高いようですが、長く京都の食といえば、何をおいても京豆

腐という時代が続きました。京都に来たなら、まずはお豆腐を食べなくては。

さすがに豆腐をそのまま食べるわけにはいかないので、たいていは湯豆腐で食べることになります。居酒屋さんで冷奴《ひややっこ》という手もなくはないのですが、ご馳走感からすれば、湯豆腐の比ではありません。

しかしながら、さて湯豆腐をいただきたい、となっても、どこのお店で食べればいいのか迷うことが多いのが常です。基本的には鍋ものに分類されますので、割烹《かっぽう》だとか料亭で、これだけを食べることはできません。かといって、観光客向けの大型店で、余分な料理と抱き合わせになった湯豆腐会席なんていうのは願い下げですからね。

そんなときに重宝するのがこの「西山艸堂」です。さすがに単品というわけにはいきませんが「森嘉」の豆腐を使った湯豆腐を、名刹「天龍寺」の境内で、適価で食べられるのですから貴重な存在です。わざわざ食べに行っても後悔しません。年じゅう食べられますが、やっぱり冬がいいですね。嵐山で湯豆腐。なかなか乙なものです。

お寺でいただく精進料理。「篩月」

湯豆腐と同じく、精進料理《しょうじん》も京都らしいものなので、一度は食べていただきたいと思う

のですが、これもまた適当な店が少ないのです。

戒律を重んじる修行僧にとって、食事もまた重要なことでした。肉や魚などの生臭ものを避け、野菜を中心にした料理で空腹を満たしていたのが、精進料理です。不足しがちなたんぱく質は、主に大豆製品を肉や魚に見立てた、〝もどき料理〟で補います。こうした食体験も、京都らしいアクティビティになります。

もちろん京都には、精進料理の専門店も何軒かありますが、正直なところ、肉も魚もないのにこの値段？　と疑問符を付けたくなることがよくあります。そこへいくと、この「**篩月**《しげつ》」は、お寺のなかで営業されているだけあって良心的な価格設定です。そしてどれも美味しいのでおすすめできます。

「立本寺」の子育て幽霊
――母が我が子を思う気持ちは、いつの世も同じ

Map D
Map E

近ごろのニュースで最も痛ましいのが子どもの虐待です。

しつけのためだとか、教育の一環だとかの理屈をこねてはいますが、守るべき子どもに親が暴力をふるうなんて、とんでもないこと。しかし、そうした事件は、減るどころか増えるいっぽうです。

もちろん体罰というものは昔からありましたし、僕も子どもをしつけるために、息子の頬を平手打ちしたこともありましたので、全面否定するものではありません。言葉で分からないときに、しごく稀《まれ》ではありますが有効な手段となることもあるのかもしれません。しかしそれが日常的に行われていたとなると、それはただの暴力でしかないと思います。

親というものは、ときに自分を犠牲にしてでも子どもを健《すこ》やかに育てようとする。それ

が人の倫《みち》というものでしょう。人だけではありませんね。動物でも同じです。親の愛がどれほど深いものか。それを象徴するようなお話が、洛中西陣《らくちゅうにしじん》のとあるお寺に伝わっています。

とんでもない悪女〈鬼子母神〉が、改心したのはなぜ？

三条、四条でお馴染《なじ》みかと思いますが、京都の東西の通りには「条」の付く通りが多く存在しています。条坊制《じょうぼうせい》を敷いた名残ですね。当然のことながら、はじまりは一番北にある一条通です。

ほかと違ってこの一条通は、現在、変則的な形になっています。

京都御苑の西からはじまった一条通は、七本松通《しちほんまつどおり》と交わったところで、いったん行き当たりになってしまいます。ちょうどその辺りには「**とようけ屋山本**」という、美味しいお豆腐屋さんがあります。このお話はのちほど詳しく。

そして七本松通を少し南に下ると、緑地帯のような緩衝地帯があり、そこから東南の道筋は中立売通《なかだちうりどおり》と呼ばれ、ここより西が、一条通となります。

ここで中立売通は消えてしまったかに見えて、少し西で復活します。つまり少しのあいだだけ一条通と中立売通は合体しているのです。東西と南北の通りが直角に交わる洛中の道筋では、珍しい現象です。だからどうだ、と言われればそれだけの話なのですが、ちょっとした京都ネタにはなるでしょう。

さて、その合体した道筋と七本松通が交わる角を南に下ると、やがて**「立本寺」**という大きなお寺が見えてきます。

「立本寺」と書いてリュウホンジと読みます。この近辺の人はリュウホンさんと呼んでいるようです。

ここより北東、寺之内通《てらのうちどおり》小川通《おがわどおり》の近くに「妙顕寺《みょうけんじ》」というお寺があるのですが、そこがこの「立本寺」の起源なのだそうです。分家といった感じなのでしょうか。この辺りはよく分かりませんが、リュウホンさんはまた、**〈北野の鬼子母神《きしもじん》〉**とも呼ばれています。

鬼子母神というのは、ご存じのように鬼神槃闍迦《きしんはんじやか》の妻であり、千とも一万とも数えられる子どもの母と言われています。いつも他人の子どもをさらってきては自分の子どもに食べさせるという、とんでもない悪女です。

そのひどい所業を見るに見かねて、お釈迦さまが救いの手を差し伸べます。多くの子どもたちだけでなく鬼子母神をも救済しようとして、一計を案じたお釈迦さまは、愛奴児《ピンガーラ》という鬼子母神の末っ子を隠してしまいます。

可愛《かわい》い我が子を隠された鬼子母神は、必死の思いで七日間かけて世界中を探し回りましたが一向に見つかりません。困り果てた鬼子母神は、お釈迦さまに助けを求めます。

鬼子母神はたったひとりの子どもがいなくなっただけで、それほどの哀しみに襲われる。それを他人に対してどれほど繰り返してきたことか。子を失う母親の苦しみが分かったか、とお釈迦さまが諭します。深く反省した鬼子母神は、仏法に帰依《きえ》しました。

鬼子母神像が手に持っている柘榴《ざくろ》は、人間の子どもの代わりに食べさせるようにと、お釈迦さまが手渡したとされています。ちょっとリアルな気もしますね。これから柘榴を食べるときは、ちょっと躊躇《ちゅうちょ》しそうです。

それはさておき、この「立本寺」の境内には〈鬼子母神堂〉が建っていますが、祀られている〈子安《こやす》鬼子母神像〉は、平安時代に彫られた木像で秘仏とされています。ふだんは拝めませんが、毎月八日の十四時から開帳されます。安産や子育て守護の御利益がいただけると、多くの女性が参拝しています。

毎日、飴屋さんに訪れる不思議な女性の正体は

母と子の愛情にまつわる、もうひとつの物語がこのお寺には残されています。
話の舞台はここから南東に飛びます。

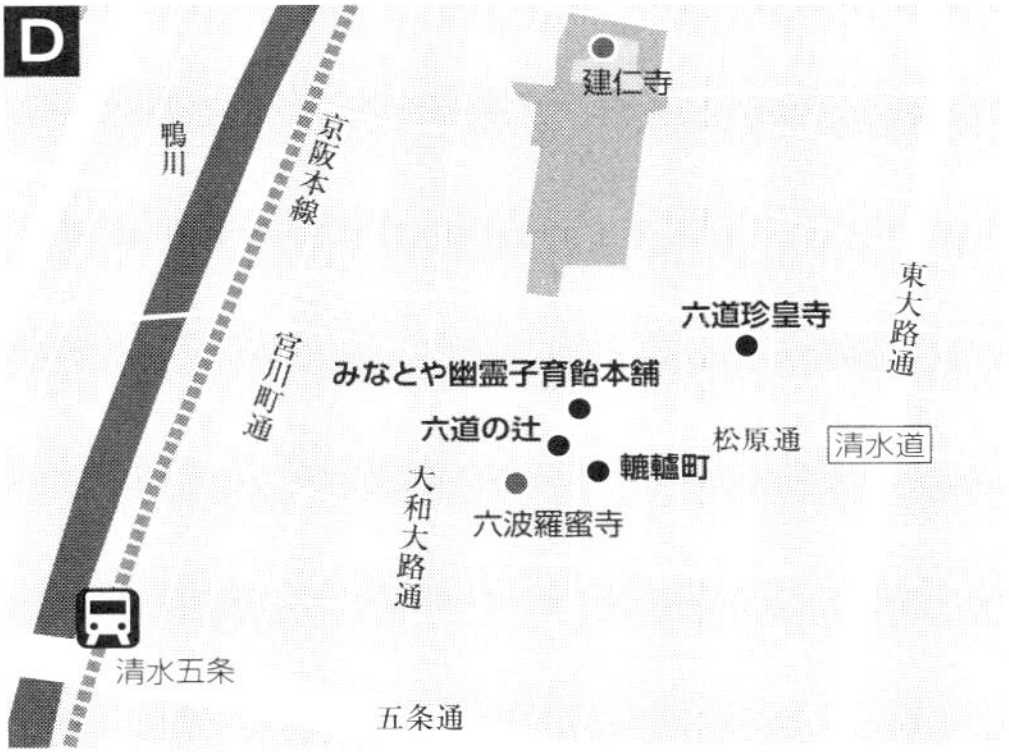

かつて鳥辺野《とりべの》と呼ばれた〝葬送の地〟にほど近い、松原通《まつばらどおり》の東大路《ひがしおおじ》から西に入った辺りに〈**六道《ろくどう》の辻《つじ》**〉というところがあります。

六道というのは仏教の言葉で、人が輪廻《りんね》転生《てんせい》する六つの世界をいいます。

人間道は上から二番目です。一番上は天道《てんどう》、一番下の六番目は地《じ》獄道《ごくどう》。地獄に落ちるという、まさしくそのままの話ですね。

その〈六道の辻〉という石碑が建っているすぐ傍《そば》に「**みなとや**」という飴屋《あめや》さんがあります。そしてその店の名物はなんと〈**幽霊飴**〉という名前が付いているのです。この〈幽霊飴〉と「立本寺」には意外な結びつきがあります。

この飴屋さんに夜な夜な飴を買いに来る若い女性

がいました。髪を長く伸ばし、青白い顔で、

「一文《いちもん》ぶんだけ飴をください」

そう言って飴を買い求めます。一文をもらった飴屋はそれを銭函《ぜにばこ》にしまいます。

ところが翌朝になって銭函を開けてみると、一文足りない代わりに、シキミの葉っぱが一枚入っているのです。

不思議に思ったのですが、何かの偶然だろうと思いなおします。しかし翌日もまた同じです。その次の日もです。さすがに飴屋の主人もこれは尋常ではないと気づきます。そしてある夜、思いきってあとをつけることにしました。

松原通を西に向かった女性は、すいすいと進んでいき、鴨川《かもがわ》に架かる橋を渡ります。息を切らしながらあとを追う飴屋の主人は、ときに見失いそうになりながらも、必死でついていきます。

四条、三条、二条と千本通を真っすぐ北に向かっていた女性は、一条通まで来ると、向きを西に変えて進み、やがてお寺のなかにすーっと入っていきました。そうです。それが「立本寺」だったのです。

追いかけてきた飴屋のご主人もなかに入りましたが、女性の姿はまったく見当たりませ

ん。静まり返った境内で耳を澄ますと、どこからか赤ん坊の泣き声が聞こえてきました。その方向をたどってゆくと、そこには墓地がありました。

そして、あるお墓にたどり着いたのです。なんとお墓のなかから、赤ん坊の泣き声が聞こえるではありませんか。驚いた飴屋の主人はお寺のお坊さんを呼びに行き、一緒にお墓を掘り起こしました。すると、生きた赤ん坊が埋められていて、飴を手にして泣いているのです。

ここにいたって、飴屋の主人はようやく気づきました。あの女性は墓のなかにいる赤ん坊を育てるために飴を買いに来ていた幽霊だったのだと。

死んだあとも子を思う母心にいたく感動した飴屋の主人は、幽霊子育飴と名付け、四百年以上経った今も売り続けているのです。

墓のなかで赤ん坊が何日も生き続けることなどあり得ない。現代の考え方からすればそう思われるのも無理はありません。でも、どうやらこの話は作りごとではないようです。

お墓のなかから助け出された赤ん坊は、お寺の住職に育てられます。ものごころついたころに、住職から自分の出自を聞かされた子どもは、母親に感謝するとともに、世の中の役に立つ人間になろうとして修行にはげみます。

その甲斐《かい》あって立派な僧侶になった青年は、「立本寺」の第二十代目住職、日審聖人《にっしんしょうにん》になってお寺に恩返しをしたと伝わっているのです。

〈六道の辻〉にある飴屋さんからお寺までは、直線距離で五キロ足らず。実際の道のりは六キロ以上あったでしょう。たとえ小走りだったとしても一時間以上かかります。そのあいだにはたくさんのお寺があったはずなのに、なぜ「立本寺」でなければならなかったのでしょうか。

ここで、さきほど書いた鬼子母神の話を思い出してください。子どもを思う母の気持ち。その幽霊というのは〈鬼子母神堂〉に祀られた神さまの化身だったのかもしれませんね。なんともせつない話です。

お寺に入ったら、上を向いてください

「立本寺」には、ほかにもいくつか見どころがあるのでご紹介しておきましょう。

その第一は扁額《へんがく》（門や鳥居や建物などの高いところに掲げられる額のこと）です。

今から三百年近く前に建てられたという立派な本堂を下から見上げてみましょう。総ヒノキ造りの本堂は円柱で支えられていますが、屋根の軒下は金網で覆われています。その

中央に扁額が掲げられ、金文字で「立本寺」と書かれています。これをして達筆というのでしょうね。堂々としていて、筆の運びが実に見事です。書の素人にでも分かるほどの美しい字を書いたのは、あの本阿弥光悦《ほんあみこうえつ》なのです。

〈寛永《かんえい》の三筆《さんぴつ》〉とも称されるほどの書家であり、かつ陶芸家でもあった光悦は、尾形光琳《おがたこうりん》、俵屋宗達《たわらやそうたつ》とともに、琳派《りんぱ》の創始者として、日本の美術工芸のいしずえを築いたアーティストです。たとえ金網越しであっても、その作品をじかに見られるのは貴重なことです。じっくりと見ておきたいものです。

歴女に人気の武将が眠る寺

第二はお墓です。

――三成《みつなり》に過ぎたるものがふたつある。島の左近《さこん》に佐和山《さわやま》の城――

「石田三成にはもったいない存在」、そう謳われた戦国武将・島左近のお墓が、ここ「立本寺」にあることは、存外知られていません。

〈島左近〉といえば、四万石の大名だった石田三成が、二万石も出して召し抱えたことで知られています。合戦下手だった三成が、その弱点を補うために左近を雇ったのですから、よほどの合戦上手だったのでしょう。

しかしそんな左近も、〈関ヶ《せきが》原《はら》の戦い〉で黒田《くろだ》長政《ながまさ》軍の銃弾を浴びて戦死したと言われています。そのお墓がなぜ、「立本寺」にあるのでしょうか。

左近は〈関ヶ原の戦い〉で危うく難を逃れ、京都に隠れ住まい、僧侶となってこの「立本寺」で生涯を終えたという説があるためです。

とかくこうした傑出した武将には、〝実は生き延びていた〟とする異説がつきものです。源義経が蒙古《もうこ》に渡ってチンギス・ハンになったと言われるのが典型ですね。左近も同じ伝説かと思えば、位牌や過去帳などが「立本寺」の塔頭に残されていて、それによると左近は寛永《かんえい》九年（一六三二年）六月二十六日没と記されているそうです。

となると〈関ヶ原の戦い〉から三十二年間も生き永らえていたことになります。左近は天文《てんぶん》九年、すなわち一五四〇年生誕とされていますから、九十二歳で亡くなったことになります。少々無理があるとも言えますし、当時としては珍しく長寿だったとも言えます。

「**妙法院殿**《みょうほういんでん》」と刻まれた島左近の立派な墓石には、花が絶えることはないといいます。〝歴女〟と呼ばれる人たちがひんぱんにお参りに来られるようです。

お墓といえば、この「立本寺」には、かの二代目吉野太夫《よしのだゆう》を破格の値段で身請《みう》けした灰屋紹益《はいやしょうえき》のお墓もあるのですが、その悲恋の物語は鷹峯《たかがみね》「**常照寺**《じょうしょうじ》」のところで詳しく記すことにします。

地元人にずっと愛されている豆腐と油揚げ「とようけ屋山本」

西陣の真ん中にある「立本寺」の周辺には、地元京都人から長く愛され続けている食がいくつもあります。そのひとつが「**とようけ屋山本**」の豆腐や油揚げです。この項の冒頭に書いたように、お店は一条通と七本松通が交わるところにあります。ここが工場兼本店で、「北野天満宮《きたのてんまんぐう》」の近くに出店もあります。そちらでは即売ショップのほかに食事処もあり、安価で美味しい京豆腐が味わえるとあって、修学旅行生をはじめとして、多くの観光客がいつも列をなしています。もしも機会があれば是非、この「**とようけ茶屋**」で〈とようけ丼〉を食べてみてください。安くて美味しくて、おなかいっぱいになります。

お土産に買って帰るなら、油揚げもいいです。大判で肉厚なので、ただ焼いただけのものでも、生姜醤油《しょうがじょうゆ》をかければ絶品の酒肴《しゅこう》になります。

「永福寺」の蛸薬師如来 ——京の街では、繁華街でも、名刹にばったり出会う

Map **F**

京都で一番の繁華街といえばどこを思い浮かべるでしょう。

何度も京都にお越しになった方なら、祇園《ぎおん》、四条《しじょう》、河原町《かわらまち》、木屋町《きやまち》、先斗町《ぽんとちょう》。そんな地名がすぐに浮かんでくるかと思います。

一方で、初めて京都を訪れた修学旅行生なら、きっと口を揃えて、**新京極通**《しんきょうごくどおり》の名をあげ

ることでしょう。それはきっと明治のころから今に至るまで、ずっと同じだろうと思います。

僕が子どものころから、新京極通を歩けば、学生服やセーラー服を着た中学生や高校生が土産物屋さんの店先にたむろする姿をよく見かけたものです。

しかしながら、その通りの歴史はもっと古く、現在は洛北鷹峯《らくほくたかがみね》に移転している「金蓮寺《こんれんじ》」の歴史にまでさかのぼります。

京都一の繁華街「新京極」はこんなふうにしてできた

古く室町時代、今の新京極通近辺にあった「金蓮寺」は足利家《あしかがけ》の信奉も篤《あつ》く、足利義政《よしまさ》の母、日野重子《しげこ》の葬儀が行われるほど、足利家と「金蓮寺」は近しい関係にあったそうです。

その後、時宗《じしゆう》内での勢力争いに敗れ、足利家との縁も薄れ、衰退の一途をたどることになります（「時宗」というのは、浄土教の一宗派です）。それに追い打ちをかけたのが、元治《げんじ》元年に起こった〈禁門《きんもん》の変《へん》〉です。

別名を〈蛤御門《はまぐりごもん》の変〉とも呼ばれた争いは、長州《ちようしゆう》対会津《あいづ》という図式で激しい京都市街戦が繰り広げられたのです。

京都で大きな戦といえば、〈応仁《おうにん》の乱〉の名が真っ先にあがりますが、〈禁門の変〉はそれに次ぐ被害を生みました。一説には三万戸もの家が戦火で失われたというのですから、いかにひどい戦いだったかがお分かりいただけるかと思います。

話を「金蓮寺」に戻します。この寺は何度もその堂宇《どうう》（堂の建物）を火災で焼失してきたのですが、この〈禁門の変〉で決定的なダメージを受けてしまいます。

見切りをつけてしまったのでしょうか。「金蓮寺」は、寺の敷地を切り売りしはじめます。四条河原にも近い一等地ですから売れ行きは上々。茶店や料亭、芝居小屋などが並びはじめました。

今の時代も同じですが、新しい商店ができて集落になりはじめると、人の流れができます。店が店を呼び、人が人を呼ぶようになるんですね。

こうして界隈が賑《にぎ》わいを見せるようになったころ、明治維新が起こり、一気に繁華街が形成されます。

明治五年。ときの京都府参事、槇村正直《まきむらまさなお》によって新しい通りが作られます。ひとつ西側の寺町通《てらまちどおり》には当時まだ多くの寺が集まっていました。その境内は、縁日が開かれ、多くの人が集まるようになったので、お寺の境内を整理して東側に新しく道路を造ったというわけです。

これが新京極通のはじまりです。寺の街から娯楽の街へ。大きく変身をとげた界隈には映画館もできて、一大歓楽街へと発展するのですが、祇園や先斗町のような花街ができることはありませんでした。

市井の庶民が、映画を見たり、芝居を見物したりして、そのあとさきにご飯を食べたりお茶やお酒を飲んだりして愉しむという、しごく健全な繁華街だったのです。

これなら中学生や高校生が立ち寄っても安心というわけで、修学旅行のコースにも組み入れられるようになり、土産物を商う店がたくさんできたのです。

新京極の美味しいもの――「京極スタンド」

その当時の空気を今に伝えているのが、四条新京極を北に上った東側にある「**京極スタンド**」という飲食店です。

もうこの店に通いはじめて三十年以上になるでしょうか。お店の佇《たたず》まいもメニュー構成も、初めて伺ったときからほとんど変わっていません。

昭和レトロとでもいうのでしょうか。お店のなかは昔懐かしい空気にあふれています。お店に入って左側が円形のテーブル席で、円卓を取り囲む形で、ひとつのテーブルに数人が座って飲み食いできます。そんな円卓が四つほど並んでいますが、このお店の真骨頂は右側のカウンター席です。

これをカウンター席と言っていいのかどうか、いつも迷うのですが、細長いロングカウンターが店の奥まで一直線に延びているのですから、カウンター席と言ってもいいでしょう。

カウンター席といえば、ふつうは板一枚をはさんで、お店の人とお客さんが向かい合うのですが、このお店ではお客さんどうしが向かい合うのです。

おかしな喩《たと》えかもしれませんが、幅は小ぶりのコタツほどです。なんとも微妙な距離感ですね。人によっては息苦しさを感じるかもしれません。見も知らぬ人と、小さなコタツで向かい合うようなものですから。

でも慣れてしまうと、この距離感がちょうどいいんです。つかず離れず、というのとは少し違うかもしれませんが、適度に触れ合うにはピッタリなんです。

こういうことは覚えておくといいかもしれませんね。見知らぬ人どうしでも近しくなれる距離。嫌悪感を抱くことなく自然と親しくなるには、「京極スタンド」の八十センチ幅のカウンターがベストのような気がします。

何代目になるのでしょうか。数えたこともないので分からないとおっしゃるご主人の話によると、昭和初期の開業当初は、中華料理がメインのお店だったようです。洋食屋さんはたくさんできていても、中華料理屋さんはまだ少なかったころ。広東《カントン》料理をベースにした中華料理が人気を呼んで大いに繁盛したのだそうです。

今もその名残がメニューに残っていて、ラーメンやヤキメシ、焼きそばなどは独特の味わいがあって人気を呼んでいます。何よりそのボリュームがすごいんです。僕は何度もチャレンジしましたが、焼きそばを完食できたことは一度もありません。

今では和洋中さまざまなメニューが揃い、幅広い年齢層の方々が集う店になっています。

正午の開店を待ちきれなかったとばかりに暖簾《のれん》をくぐる、常連客らしき年輩の男性陣。和気あいあいと昼酒を愉しんでいます。そしてその傍らで、修学旅行生たちが制服のままでお昼ご飯を食べているのも、この店ならではの特徴です。

「今の時代はそういう言葉を使わへんと思いますが、当時は丁稚《でっち》さんという奉公人さんがおられて、月に二日しかないお休みの日に、新京極で映画を見て、うちの店で中華料理を食べて帰るのが、何よりの愉しみやったみたいですわ」

何もかも満ち足りた今と違って、映画は数少ない娯楽だったのでしょうね。テレビなんてものが影も形もないころに、大きな画面に映し出されるドラマ。どれほどエキサイティングだったでしょう。

その興奮も冷めやらぬまま、このお店で中華料理に舌鼓を打つ。すべて満ち足りてしまった今の時代に生きていると、なんだかうらやましく思ってしまいますね。

映画ではないですが、京都観光も修学旅行生にとってはエキサイティングな体験です。その感動を抱えたままお昼ご飯に舌鼓を打つ。このお店の果たしている役割は大きいものがあります。

ひとつ目の逸話――老いた母のために戒律を破ってしまったお坊さん

前置きが長くなってしまいましたが、京都のなかで新京極通という通りがどんな位置づけなのかがお分かりいただけたかと思います。

その新京極通のちょうど中ほどにある「永福寺《えいふくじ》」というお寺が今回のお話の舞台です。

「京極スタンド」から新京極通を北に歩いて、十分ほどでしょうか。

建ち並ぶ商店の合間に、赤い幟《のぼり》がはためいています。〈蛸薬師如来《たこやくしにょらい》〉と赤地に白字で染め抜かれている幟が目印ですが、間口が狭いので、うっかりしていると通り過ぎてしまいます。新京極通を北に向かって歩きながら、右側をよく見ていてください。入口に幟があり、見上げると〈蛸薬師如来〉と書かれた白い提灯《ちょうちん》がずらりと飾られています。

「浄瑠璃《じょうるり》山《さん》　林秀院《りんしゅういん》　永福寺」というのがこのお寺の正式名称で、通称は〈**蛸薬師堂**〉といいます。京都の人はみんな〈**蛸薬師さん**〉と呼びます。そしてその蛸薬師は東西の通りである蛸薬師通の名の由来ともなっています。

薬師如来さまといえば、みんなの病気を治して苦しみから救い、災厄を鎮めてくださるありがたい仏さまのことですが、蛸にもそんな仏さまがいらっしゃるのでしょうか。

蛸薬師如来。このお寺に伝わる、ちょっと哀しい物語をご紹介しましょう。

軒先が唐破風《からはふ》（屋根の本体の中央を盛り上げた形）になった優美なお堂にまずはお参りして、〈駒札《こまふだ》〉を読んでみましょう。京都市内の主なお寺や神社には、たいていこの、将棋の駒の形をした駒札が立っていて、由緒や歴史が記されています。駒札の大きさはほぼ一定ですから、文字数が限られています。一分もあれば読めてしまう程度の文章ですが、簡潔にまとめられていて重宝します。

その駒札によると、このお寺は元は二条室町にあったそうです。そしてその近くに池があったので〈水上薬師《すいじょうやくし》〉と呼ばれていたそうです。また、同じく〝水〟から〈澤薬師《たくやくし》〉とも呼ばれていたそうで、タクヤクシがなまってタコヤクシになったと書かれています。つまり蛸は当て字だというのです。なーんだ。となりますよね。

と、これだけで終わってしまったのでは、哀しくもせつなくもありません。駒札には、また一説には、と続きが書かれています。

「永福寺」にはかつて、善光《ぜんこう》というお坊さんが、年老いた母親と一緒に住んでいました。善光は親孝行な僧侶として知られていて、僧としての出世を望まず、母親の面倒をみやすいお寺を選んで勤めていたといいます。

そんな母親があるとき重い病気にかかってしまいます。善光がどれほど手厚い看護をしても、一向に病気はよくなりません。何より食欲がなく、どんどんやせ細っていくのです。僧侶は殺生《せっしょう》を禁じられていますから、生臭ものを食べるわけにはいかないのですが、母親なら少々のことはかまわないだろうと思って、善光が母親に訊ねます。

「もしも何か食べたいものがあるなら言ってください。できる限りのことはしますから」

すると母親の口からは思いもかけない名前が出ました。

「蛸が食べたいんやが、あかんやろなぁ」

今の時代でも、病気の母親が、突然蛸が食べたいと言いだせば驚きますよね。肉だとか鰻《うなぎ》なら分かりますが、よりによって蛸ですか。

きっと善光も困惑したことでしょうが、聞いてしまったからには、捨て置けません。近くのお店は避けて、顔が知られていない遠くの魚屋さんにまで足を延ばして、どうにか蛸を買い求めることができました。

人に知られることなく帰り着いてよし、と安堵《あんど》した善光ですが、そうは問屋がおろしてくれないのが世の中というものです。

すぐそこが「永福寺」。まさに門前で、知り合いの檀家さんに出会ってしまいます。正直者は、こういうときに挙動不審になってしまうんですね。なんだか生臭い木箱を大事そうに抱える善光を見て、檀家さんは箱のなかに何が入っているのか問いかけます。

蛸が入っていますと正直に言うわけにもいきませんが、かといって隠し通すことも僧侶としては難しい状況です。覚悟を決めた善光は、木箱のふたを開けて見せました。

「なんや。ただの経巻《きょうかん》かいな。わしはなんぞ生臭もんでも入っとるんかと思うた。疑うてすまんかったな」

そう言って檀家さんは帰っていきました。

あとにひとり残った善光は、茫然自失《ぼうぜんじしつ》します。ピンチが救われたのはよかったが、経巻を母に食べさせるわけにもいかず。しかし思いなおした善光は、事の次第を母に話し、蛸を食べさせることができなかったことを詫《わ》びます。

「許しを乞うのはわたしのほうや。戒律を破らせるようなことをしてすまなんだ。この経巻のほうがどれほどありがたいことか」

やせた手で八巻の経典をささげ持って、涙を流す母親を見て、善光もまた涙ぐむのでした。

と、そのときです。経巻が稲妻のような光を放ちはじめたのです。驚いた善光と母親は〈南無薬師如来《なむやくしにょらい》さま〉と何度も唱えます。するとどうでしょう。経巻は元の蛸の姿に戻り、母親を光で照らすと、やがて消えていったのです。

その光の効果は絶大なものがあり、見る間に元気を取り戻した母親は、その後長生きしたのだそうです。

多少の差異はありますが、伝わっているのは、おおむねこんな話です。

これを薬師如来さまのご利益とみるか、親孝行な僧侶が起こした奇跡とみるかは人それぞれでしょう。

ふたつ目の逸話――なぜに最澄の彫った薬師如来があるか

この薬師如来さまにも、実は不思議な話が伝わっているのです。

最初にこのお寺の正式名称は「浄瑠璃山　林秀院　永福寺」だと書きましたが、林秀というのは人の名前なんです。林秀さんが建てたお寺なので〈林秀院〉というわけです。

さてその林秀さん。お金持ちなのですが、とても信心深く、比叡山《ひえいざん》「延暦寺」根本中堂《こんぽんちゅうどう》の薬師如来さまを篤《あつ》く信奉されていたのです。

長く月参りを続けていたのですが、年を取るごとに足腰が弱ってきて、比叡山を登るのが辛くなってきました。

かといって、自分が今日あるのは薬師如来さまのおかげだと信じこんでいる林秀さんは、お参りをやめるわけにはいきません。

そこで林秀さんは考えました。自分が行けないなら、薬師如来さまに来てもらえばいいのだと。

このあたりはお金持ちらしいですね。不遜にも思えてしまいますが、「延暦寺」の薬師如来さまは、熱心な信者である林秀さんの願いを聞き届けたのです。

ある夜のことです。林秀さんの夢枕に薬師如来さまが現れてこう言いました。

「ずいぶんと昔だが、たしか最澄《さいちょう》がわたしの姿を彫って、それを比叡山に埋めてあるはずだから、よかったら持って帰りなさい」

そして具体的な場所まで教えたのだそうです。

喜び勇んだ林秀さんが言われた場所を掘ってみると、たしかにそこには薬師如来さまの像が埋めてありました。

それを持ち帰った林秀さんがお堂を建てて、くだんの薬師如来さまを納め、「永福寺」と名付けたのだそうです。つまりこの薬師如来さまは、「延暦寺」の開祖である最澄が彫ったものなのです。なんともありがたいことではありませんか。

こうしてこの「永福寺」には、ふたつの物語が伝わっていて、それを由来として、京都でも最もよく知られる通りになったというわけです。

親孝行なお坊さんの善光さん。お金持ちだけど、薬師如来さまをひとり占めせず、みんなにしあわせが訪れるようにと私財を投じてお堂を建てた林秀さん。心やさしいふたりが今も京都を見守ってくれているのです。

みっつ目の逸話――鯉地蔵の名前の由来

と、ここで話が終わらないのが、京都の奥深さです。このお寺にはもうひとつ、お地蔵さんにまつわる不思議な話が伝わっています。

「永福寺」の入口近く、右手に小さな祠《ほこら》が建っています。これは地蔵堂なのですが、祠のなかをのぞくと、提灯がぶら下がっていて、そこには〈**鯉地蔵**《こいじぞう》〉と書かれています。といっても、それは鯉の姿をしているわけではなく、ごくごくふつうのお地蔵さまの姿をしていらっしゃいます。

話はこのお寺の近所のお店で働く奉公人の、篤い信心からはじまります。

若い奉公人は「永福寺」のお地蔵さまを深く信仰し、毎日のようにお参りしていました。そんな奉公人に主人が届けものをするよう言いつけます。

「すまんが、ここにだいじなもんが入っとるんやが、これを至急清水のほうに届けてほしいんや」

小さな文箱《ふばこ》を手渡します。

「へえ、だんさん、承知しました。すぐに行ってまいります」

文箱を受け取って奉公人は座敷を下がります。

その日はあいにく大雨が降っていましたので、奉公人は雨合羽《あまがっぱ》を着て、文箱を懐に抱えて清水寺のほうに向かいます。

ここで新京極通の位置を思い出してください。ここから清水寺に向かうには、鴨川を渡らねばなりません。今でこそ四条通にも橋が架かっていますが、当時はこの近辺では五条通にしか橋は架かっていませんでした。

そしてその五条通ですが、今の広い通りではなく、そのころは今の松原通が五条通だったのです。

五条通を松原通から今の通りに移したのは、豊臣秀吉《とよとみひでよし》の時代になってからのことだったのです。

奉公人が渡っていた五条の橋は、ただ薄い板を並べただけの細く頼りないもので、お年寄りは渡るのを避けていたほど、危なっかしいものでした。

若いとはいえ、大雨が降り続くなかですから、慎重に渡っていたつもりでも、足を滑らせてしまい、姿勢を大きく崩してしまいます。思わず胸を押さえたのですが、ときすでに遅し。たいせつな文箱は、あわれ鴨川に落ちて流れていってしまいました。

橋の中ほどで立ち止まった奉公人は、あきらめて戻っていきます。

橋のたもとに戻った奉公人はうらめしそうに鴨川を見つめますが、水かさも増え、濁流となった川は荒れ狂うばかりで、文箱の姿など影も形もありません。

仕方なく帰ろうとした奉公人の目に、一匹の大きな鯉《こい》が映りました。あきらかに奉公人のほうに向かって泳いでくる鯉は、口に何かをくわえています。近づいてきた鯉をよく見てみると、それはたいせつな文箱ではありませんか。

岸辺にかけ寄った奉公人があわててそれを受け取ると、鯉はまた川を泳いでいきました。茫然としながらも文箱を振ってみると何やら音がします。どうやら中身も入ったままのようです。

奉公人がもう一度橋を渡ろうとすると、雨はやみ、川も静かな流れに変わっていき、無事に先方に届けることができたといいます。

きっとこれは、あのお地蔵さまが助けてくださったのだと、急いで奉公人が地蔵堂へお参りすると、お地蔵さまはずぶ濡れになり、像には水草がたくさん絡みついていたのです。あの鯉はお地蔵さまだったのか。涙を流しながら奉公人は熱心に手を合わせました。

それ以降、このお地蔵さまは鯉地蔵と呼ばれるようになったそうです。

ふたつでも驚きますが、こんな小さなお寺にみっつも素敵な話が残っていたのです。京都にお越しになったら、是非この「永福寺」をお訪ねください。

路地裏で、ホルモン料理のフルコースを――「御二九と八さい　はちべー」

最初に書きましたが、新京極界隈は京都でも有数の繁華街ですから、食事処には事欠きません。

先の「京極スタンド」のように、古くからあるお店と、最近になってできた新しいお店がうまく交ざりあっていて、「永福寺」の近辺では和洋中、いろんな料理を楽しめます。

「永福寺」界隈でのおすすめは少し変わった名前のお店です。

最近の京都は時ならぬ、肉ブームです。

ずっと以前から僕は、京都は牛肉王国だと言い続けてきたのですが、ようやく世間もそれに気づいたようです。

なぜ京都の牛肉が美味しいかといえば、それにはちゃんとした理由があって、ひとつには、京都の位置。ふたつには京都人の気性があるのです。そのことを理解した上で、そのことも解説した上で、ならまだ救いがあるのですが、とにかく昔から京都は牛肉が美味しいのだと言い切ってしまうのですから困ったものです。

今さらそんなことを言っても仕方ないのですが、流行《はや》りものだけを追いかける今のメディアにはうんざりです。これまでまったく京都の牛肉など見向きもしなかったのに、いきなり京都は牛肉だと言い出すのですから。

それはさておき、このお店の得意料理は〈うち肉〉です。

一般的にはホルモンと言いますが、この店では〈うち肉〉と呼んでいます。このあたりからして、すでに京都っぽいですよね。

京都らしいといえば、この店の在《あ》り処《か》も実に京都らしいのです。

四条河原町という、京都で最も賑わう交差点の西北角から少し西に歩くと、すぐに細い道が見えてきます。この通りには裏寺町通《うらてらまちどおり》なる、ちょっと怪しい名前が付いています。この通りを北に向かって歩くと突き当たりになりますが、そこを左に折れ、ふた筋目をさらに北に上ります。自転車がぎりぎりすれ違えるくらいの、この狭い通りは柳小路《やなぎこうじ》と呼ばれています。裏寺町通より風情がありますね。

近年に整備されたこの柳小路には、八兵衛《はちべ》明神《えみようじん》という狸《たぬき》が祀られた、小さな祠がありま す。お店の名前はそれに由来しているのだそうです。

小さなお店の一階はカウンター席だけで、二階にテーブル席があります。ひとりやふたりなら断然カウンター席がおすすめです。

目の前で調理されるのはホルモン料理なのですが、もしもそれと知らなければ、絶対にホルモンだとは思わないほど洗練されています。前菜に出てくる小鉢料理は、見た目は京割烹そのものですが、すべて牛のホルモンを使ったものなのです。

アラカルトでも頼めますがコース料理をおすすめします。目からウロコ。牛のホルモンとはこんなに繊細な味わいだったのかと、誰もが驚きます。臭みやクセなど、ホルモンに付きもののイメージは完全に払しょくされるはずです。

屋号にあるように野菜との取り合わせも抜群です。クジラ肉の代わりに牛タンを使ったハリハリ鍋、〆《しめ》のラーメンで大満足間違いなしのお店です。

小野小町ゆかりの「欣浄寺」「随心院」「菊野大明神」
――せつない恋心を抱いて毎夜歩いた〈百夜通い〉の道をたどる

Map G

Map H

百夜と書いて、ももよ、と読みます。百日にわたって夜に通った話です。

「誰がどこへ通ったか」の前に、「誰に会うために通ったか」というお話からはじめましょう。

誰がいつ言いだしたのかも分かりませんが、世界三大美女と言われるものがあるようです。

楊貴妃《ようきひ》、クレオパトラ、そして小野小町《おののこまち》の三人だそうですが、きっと世界には通用しない話だろうと思いますし、そもそも小野小町という女性が、世界に誇れる美女だったかどうかも、まったくもって不明です。

ではありますが、とある男性が、百夜も通ったお目当てがこの小野小町だというのですから、それなりに美しい方だったのでしょう。

美しい歌を作ってモテまくった小野小町

というわけで、〈百夜通《ももよがよ》い〉の主役は小野小町で、相手役は深草少将《ふかくさのしょうしょう》です。

主役の小野小町はどんな女性だったのか。歌人であることは誰でも知っていますね。

——花の色は　移りにけりないたづらに　わが身世にふる　ながめせしまに——

百人一首にも選ばれた歌は、あまりにも有名です。長雨《ながめ》を見ながら物思いに耽《ふけ》っている間に花の色はあせてしまった、と詠《うた》っています。自分自身が年を取って美しさが衰えていくことにせつない思いを馳《は》せている歌です。

平安時代初期の人物で、一説では小野篁《おののたかむら》の娘だとか孫だとか言われていますが、ちょっと怪しい気がします。

もちろん写真などはありませんし、肖像画らしきものも残っていないようです。小野小町が描かれた絵画があったとしても、おおかたは後世の画家が想像して描いたものでしょうから、容姿は分かりませんが、すぐれた歌人であったのはたしかなことです。

とりわけ恋の歌ですね。

かの紀貫之は、小野小町の歌を、『万葉集』のころの清らかさを保ちつつ、なよやかとも、たおやかとも表現し、王朝浪漫の空気を漂わせているとして絶賛したそうです。

今でいえば、LINEやメールのようなものでしょうか。自分の思いを歌にして相手に送る。それをもらった相手も、歌にして返す。そんな優雅な習わしがあったんですね。

そんなやり取りをしてから実際に会う、ということも少なくなかったようで、つまりはまず歌ありきの時代だったようです。すなわち、美しい歌を作れればモテたのでしょう。

三大美女に選ばれたのは、容姿ではなく歌の美しさからだったのかもしれません。

そんな美女ですから、言い寄ってくる男性は数知れずです。

たくさん送られてくる恋文にも、ちゃんと目を通して返歌を送るのも、モテる秘訣《ひけつ》だったようです。いつの時代でもマメさはモテる条件なのです。

そんなかに深草少将の恋文もあったのですが、さほどの有名人でもありませんから少々面倒に思ったのでしょう。

——百夜通ってきたなら、お心にしたがってもいいですよ——

なんていう気まぐれな歌を返したといいます。きっと百夜も通ってくることはないだろうと思っていたのでしょうね。

時代を問わず似たようなことはよくありますね。女性の側は冗談半分だったとしても、男性のほうはそれをまともに受けてしまって、言われたとおりにガンバル。花街の芸妓《げいこ》さんと旦那衆のあいだにも、同じようなやり取りがあるやに聞いておりますが、定かではありません。

深草少将は小野小町の返歌を受けて、小躍りせんばかりに喜んだといいます。百夜通うくらいは大したことではない。それで思いが叶うなら。そう思って通いはじめます。

——よっしゃ。やったろやないか。百日くらい楽勝や——

と言ったかどうかは不明です。

ところでこの深草少将とはどんな人物だったのでしょう。

少将と名が付くくらいですから官職に就いていたのでしょうね。深草は今も京都に残る地名で、伏見のほうにあります。深草に住んでいる少将。今の時代に置き換えれば、深草に住んでいるお役人さん。なんともアバウトな話ですが、それもそのはず。どうやら伝説上の人物のようなのです。

もちろん古い話ですから、ひょっとして深草少将は実在したかもしれません。一説では桓武天皇《かんむてんのう》の孫にあたり、僧侶兼歌人だった僧正遍昭《そうじょうへんじょう》のことだとも言われているのです。ともあれ、『源氏物語』のヒーロー、光源氏《ひかるげんじ》も実在したかどうか不明なのですから、ここでも実在か架空かはあいまいなままで話を進めます。

深草少将の住まいは、詳しく住所を言いますと、京都市伏見区《ふしみく》西桝屋町《にしますやちょう》一〇三八です。なぜピンポイントで番地まで特定できたかといえば、今もその場所に残る「欣浄寺《ごんじょうじ》」というお寺が住まいだったと言われているからです。

小野小町に恋い焦がれ、深草少将が百夜通った道

前置きが長くなりました。このお寺を訪ねるところから、百夜通いゆかりの地を巡る旅をはじめましょう。

深草少将と小野小町の、悲恋といっていいかどうかは微妙ですが、その恋物語ゆかりの地は大きく三か所ありますので、順にたどってみましょう。

京都と大阪を結ぶ京阪本線《けいはんほんせん》の〈墨染駅《すみぞめえき》〉からスタートです。

とてもシンプルな駅で、大阪寄りの一か所しか改札口がありません。そこを出て、すぐ前の通りを西に向かって歩きます。

川を渡って、ひとつ目の信号を左、すなわち南に折れてしばらく歩くと、駐車場のなかに「欣浄寺」の方向を示す看板が見えてきます。

「**伏見《ふしみ》大仏《だいぶつ》欣浄寺《ごんじょうじ》**」といい、その名の通り〈伏見の大仏〉さまを本尊とするお寺です。京都の大仏さまといえば、かつては東山の「方広寺《ほうこうじ》」におられましたが、残念ながら今は残っておらず、となればこの〈伏見の大仏〉が京都市内唯一の大仏さまということになりますね。

看板の矢印に従って歩いてもお寺らしき姿は見えません。駐車場の突き当たりに建つ白い建物がお寺のお堂なのです。

まずは、いつものように駒札を読んでみましょう。

一二三〇年ごろに真言宗《しんごんしゅう》のお寺として創建され、その後〈応仁の乱〉を切っ掛けとして曹洞宗《そうとうしゅう》から浄土宗へ、そしてまた曹洞宗へと変わり、今に至っているようです。むかし深草少将の屋敷があったところだと伝えられている、とも書いてあります。

本堂はたいてい施錠されています。ご住職がおられるときは鍵を開けてもらえますが、お堂のなかを拝観して、大仏さまとご対面されたいのであれば、事前に電話を入れておいたほうが無難です。

お堂の前には小さな古びた庭があって、こちらは自由に拝観できます。

池の東側の藪陰《やぶかげ》の道は〈少将の通い道〉と呼ばれていると駒札に書かれていました。そう。深草少将はこの池の端を歩いて、百夜通ったのです。

池のほとりには〈墨染井《すみぞめのい》〉と呼ばれる井戸もあり、深草少将姿見の井戸とも呼ばれています。小町のところへ通う前にここで井戸に姿を映し、会える日を夢見て身なりを正したのでしょうね。

そしてこのお寺のハイライトとも言えるのがふたつのお墓です。向かって右の大きなお墓が深草少将、左の少し小ぶりのお墓が小野小町。寄り添うように並んで建っています。

現世では結ばれなかったふたりを憐れんだ人が建てたものでしょう。日本のあちこちに小野小町の墓所と言われるところがありますから、ここにお骨が納められているかどうかは分かりません。

百夜に届く前に、尽きた命

さて、出発点はここですが、目的地はどこだったかといえば、小野小町が住んでいたとされる「**随心院**《ずいしんいん》」です。

直線距離だと五キロ弱ですが、小さな山が立ちはだかっていますから、実際に歩くとなれば、当時は最低でも八キロほどはあったでしょう。

今は京阪本線から宇治線《うじせん》に乗り換えて六地蔵駅《ろくじぞうえき》から地下鉄東西線に乗って、小野駅《おのえき》まで行くか、京阪本線の三条駅で地下鉄東西線に乗り換えて小野駅か。いずれにしても三十分以上かかります。

深草少将にならって「随心院」まで行ってみましょう。

地下鉄東西線の小野駅を出て、水路を右に見ながら真っすぐ進みます。最初の角を右に曲がり、真っすぐ歩くと、やがて左手に「随心院」の総門が見えてきます。

恒例の駒札を読むことからはじめましょう。

弘法大師の八代目の弟子にあたる仁海僧正《にんかいそうじょう》というお坊さんが、九九一年といいますから、平安時代のちょうど中ごろに創建したお寺です。

後堀河天皇《ごほりかわてんのう》のときに門跡寺院となったとも書いてあり、小野小町のことは、絶世の美女として名高い、と断言しているのが興味深いところです。駒札を立てたのは京都市ですから、小野小町が絶世の美女であったことを公に認めたことになります。

そんな美女だからこそ、深草少将は百夜通いつめてでも掌中におさめたかったのでしょう。諸説ありますが、通いはじめたのは秋も深まったころだと言われています。

桜や紅葉で知られる街ですから、京都は穏やかな気候に恵まれていると思われがちですが、〝夏暖かく冬涼しい〟と言われるほど、実は京都は厳しい気候に見舞われる街なんです。夏に沖縄からやってきた観光客がその暑さに当たったとか、冬に北海道から来た旅人が、あまりの寒さに震えあがったとか。

そんな京都ですから、百夜通うなら、気候の穏やかな春先からはじめればいいものを、秋からはじめてしまったことが、悲劇を生んでしまう一因になったと悔やまれます。

百夜のはじまりは一夜から。今の時代ならスマートフォンのカレンダーに入力しておけば、勝手に数えてくれますね。少し前の時代ならカレンダーにしるしを付けたでしょう。日付に斜線を入れて百を数える。

昔はもっと優雅な方法で数えたのです。

深草少将は小町の屋敷を訪ねたしるしとして、屋敷の門口《かどぐち》に榧《かや》の実を置いていったといいます。ひと粒、ふた粒、み粒と。

その実がやがて木になり、かつては九十九本の榧の木が生えていたと言われています。百夜通ったはずなのに九十九本。つまり百粒目は屋敷に届かず、深草少将のたもとに残ったままだったのです。

八十八夜のころから厳しい寒さに襲われるようになりました。おそらく一月の二十日過ぎだったでしょう。毎日のように雪が降り、根雪となって道端に残るほどでした。

京都では節分《せつぶん》の前後が一番寒いといいますから、ちょうどそのころのことです。百日目の夜、降りしきる雪のなかを深草少将は、いつものように小町の屋敷に向かいます。雪は激しくなるいっぽうで、前も見えないほどです。

あっという間に積もった雪に足を取られ、ついに身動きできなくなった深草少将は百夜目を目前にして凍死してしまったのです。

さぞや無念だったことでしょう。しかし人の世にはよくあることなのです。ゴールを目前にして、つい油断してしまうこともあるでしょうし、思いがけないアクシデントは得てしてこういう場面で起こるものなのです。〈百里を行く者は九十を半ばとす〉――殷《いん》を滅ぼし周《しゅう》を建てた武王《ぶおう》の言葉を、深草少将は知らなかったのかもしれません。

さて小野小町のほうはどうだったでしょう。どんな思いで百夜目を迎え、そして深草少将の死を知ってどんな心境に至ったのか。

追いかけられると逃げたくなる。逃げられると追いかけたくなる。よくある心情に照らし合わせるなら、百夜が近づくにつれ、余計なことを言ったと後悔していたでしょうが、いざ百夜目になって憐れな最期を遂げたとなると、心が残ったのではないでしょうか。無理難題を強いたことを悔やんだかもしれません。

「随心院」には、小町のもとに届いた恋文を収めたという〈文塚《ふみづか》〉、小町が歩いたという〈庭苑《ていえん》〉、鏡代わりに姿を映したと言われる〈小町化粧の井〉、そして榧の古木など、百夜通いゆかりの見どころがいくつもあります。

縁切りの「菊野大明神」

〈百夜通い〉ゆかりの場所をもう一か所ご紹介しましょう。

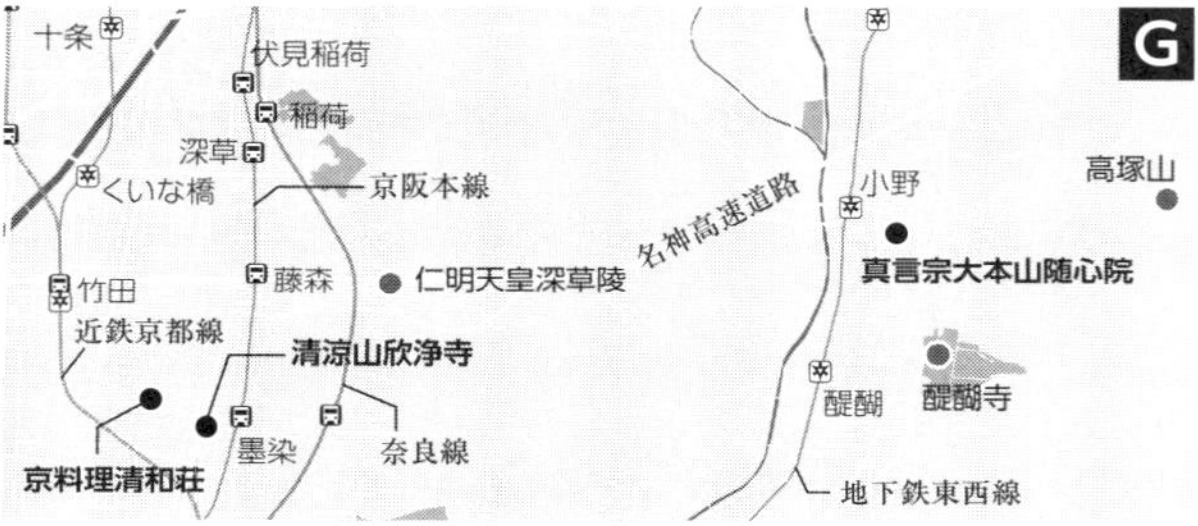

地下鉄東西線〈小野駅〉から〈京都市役所前駅〉までは、直通電車だと十六分です。

地上に出て河原町二条まで五分ほど歩きます。この場所と、先のふたつのお寺との位置関係をよく頭に置いてから訪ねてみましょう。

目指すのは「**法雲寺**《ほううんじ》」。河原町二条の北東角から北に向かって歩くと、すぐ山門が見えます。

その昔ここは池だったそうで、藤原兼家《ふじわらのかねいえ》が九九一年に建立した法興院《ほうこういん》というお寺の庭園にあったそうです。その法興院が焼失したあとは荒れ放題で、森のようになってしまっていたと寺史にあります。

この地もまた当然のように、〈応仁の乱〉の際は合戦場と化し、さらに荒廃します。

一五六七年になってようやく「法雲寺」のもとになる庵《いおり》が結ばれ、一六一六年に「清水山《しみずやま》洗心院法雲寺」となります。

と、ここまでは百夜通いと何もかかわりがありません。つながるのはお寺の庫裏《くり》の奥にある「**菊野大明神**《きくのだいみょうじん》」という小さな祠《ほこら》です。方角でいえば、境内の南東になるでしょうか。菊野の名にふさわしく、祠の傍《かたわ》らには黄色い菊のような花が咲いていることがあります。小野小町は黄菊が好きだったのでしょうか。菊野という別称があったのでしょうか。どちらも否です。この「菊野大明神」と小野小町はなんの関係もありません。あるのは深草少将のほうです。

「菊野大明神」のご神体は石です。そしてその石こそが百夜通いゆかりのもの。「欣浄寺」から「随心院」へと通う道すがら、ひと息つくために、必ず腰かけたという石があり、その石を「菊野大明神」のご神体としているのです。

百夜通ったにもかかわらず願いが叶わなかった。つまり縁がなかった。ということから、この「菊野大明神」は近年、縁切りのご利益が絶大とされ、人気を集めているそうです。

なんとも皮肉な話ですね。

怨念とまではいかないものの、深草少将の無念の思いが、きっとその石には乗り移っているのでしょうね。

僕が子どものころには考えられなかったストーカーなどという存在が日常になってしま

った今、縁を結ぶことより、縁を切ることを願う人が少なくないのでしょう。東山にある〈安井の金毘羅《こんぴら》さん〉と同じように、悪縁切りを願う参拝者が後を絶たないのだそうです。と、ここでひとつの疑問が湧いてきます。地図を頭に浮かべながらお読みいただいた方なら、きっと僕と同じ疑問を持たれていると思います。

河原町二条は、墨染から小野へ至るルートから、あまりに大きく外れすぎてはいないでしょうか。

いくら今とは道路事情が違うとはいえ、どう考えても、墨染から小野へ行くのに、河原町二条は通らないでしょう。なぜこの場所に深草少将が腰かけた石が残っているのか。どんなに地図を凝視しても理解できません。

謎に満ちた京都ではあるものの、たいていのことは、どこかで何かがつながって腑《ふ》に落ちるのですが、この石だけはどうにも納得がいきません。

何がなんでもこの謎を解明したいと思いながらも、ふと、ひとつくらいは謎のまま残しておくのもまた、京都らしくていいかなと思ったりもします。

都から少し離れたところで極上の和食を──「清和荘」

「欣浄寺」の近くにこのお店があるのは奇跡ではないかとも思います。大げさに思われるかもしれませんが、本当のことなんです。

「清和荘《せいわそう》」という日本料理のお店です。

京都には何軒もの名料亭がありますが、そのなかでもこの「清和荘」は白眉といってもいい存在です。

なんてエラそうに言ってますが、正直に言いますと、僕もこの店の存在を長く知りませんでした。名前は聞いてはいても、なにせ伏見ですから、なかなか機会がなく、その素晴らしさを体験してから、まだ一年も経っていません。

初めてお店に伺ったとき、久しぶりに胸の昂《たか》ぶりを覚えました。

まずはその庭を含めた佇まい。上がりこんだ座敷の設《しつら》え。そして何より出てくる料理の味わいと器遣《うつわづか》いに感心しきりでした。

実はこのとき、僕以上の辛口評論でも知られる立川直樹《たちかわなおき》さんとご一緒していたのですが、ふたりして目を輝かせながら、料理ともてなしぶりに感服したのでした。冒頭で少しばかり大げさに書いたのは、このことがあったからです。

僕ひとりだけではなく、ちょっとやそっとでは褒めない立川さんが絶賛したのですから間違いはありません。祇園辺りで大枚はたいて食事するより、はるかに満足できるでしょう。なんていうとまた祇園方面からお叱りを受けるかもしれませんが。

　似たようなお店が増えてきたせいでしょうか。京都の真ん中にあるお店の料理は個性を競いあい、本来の京都の料理からはかけ離れたものが人気を呼んでいるように感じます。ところが、伏見の地にあって、落ち着いた佇まいを誇る「清和荘」では、清々《すがすが》しいまでの、真っ当な日本料理を愉しむことができます。難点はただひとつ。洛中から少し離れていることだけですが、それを補ってあまりある魅力を備えた店です。是非足を運んでみてください。

京都人は実は餃子が好き——「杏っ子」

「随心院」の近くでどこかおすすめは、と思いを巡らせてみたのですが、残念ながら思い当たりませんでした。きっと僕が知らないだけで、いいお店があると思いますが、どうしても東山を越えて東や南のほうは縁が薄いのです。

　そこで「菊野大明神」の近くのお店をお奨めすることにします。

　河原町二条から三条へ。三条通のひと筋手前を東に入って少し歩いた南側のビル二階にある「杏《あん》っ子《ず》《こ》」という餃子《ぎょうざ》のお店です。

かの有名な餃子のチェーン店は京都発祥ですし、意外に思われるかもしれませんが、実は京都は餃子の美味しい街なんです。

学生さんが多いから、というのもひとつの理由ですが、手ごろな値段で愉しめるというのも、始末を重んじる京都人の気性に合っているからだと思います。

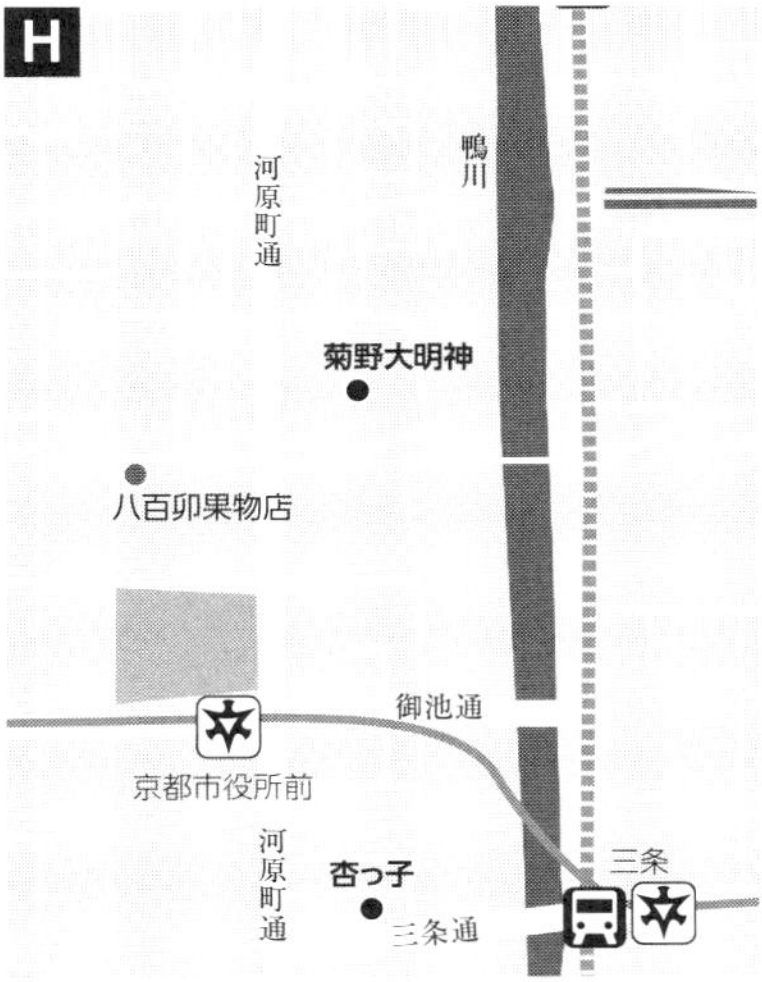

とかく京都の食というと、高額なイメージがありますが、それはどちらかといえば外からお越しになる方のためのご馳走に限ったことです。

京料理の多くは遠来の客人をもてなすためのもので、京都に暮らす人々が、いわゆる京料理を食べる機会は、昔からさほど多くありません。

今もそれは同じで、予約の取れない人気割烹などのカウンター席に京都人が居並ぶことはめったにありません。僕も、客人のお相伴にあずかるときくらいですね。慎ましやかな暮らしを旨とする京都人にとって、おばんざいにも通じる餃子を好むのは、ある意味で当然の流れだろうと思います。

そこでこの「杏っ子」の餃子ですが、鉄鍋を使った羽根つき餃子が名物で、隠れ家的な雰囲気もあるオシャレなお店です。テーブル席もありますが、ゆったりしたカウンター席は女性にも人気です。ニンニクを使わない、やさしい味の焼き立て餃子をワインと一緒に愉しめます。

悲哀の尼寺、大原「寂光院」——建礼門院徳子、ここに眠る。『平家物語』の悲劇

Map Ⅰ

長く都であり続けた京の街は、さまざまな古典文学の舞台として知られていますが、なかでも最もせつない話といえば『平家物語《へいけものがたり》』に尽きるでしょう。

驕《おご》る平家は久しからず。その言葉どおり、栄華を極めた平家一族ですが、末路は憐れな

ものでした。

源氏との激しい戦いの末に敗れた男たちの陰で、戦に翻弄《ほんろう》された女性たちの人生は悲哀そのものです。

のちの時代になって、読み物として完成された〈読み本〉系と、琵琶《びわ》法師《ほうし》などが中心となって日本各地で語り伝えてきた〈語り本〉系の、大きくふたつに分かれて伝わってきた平家物語ですが、その書き出しの、

――祇園精舎《ぎおんしょうじゃ》の鐘《かね》の聲《こえ》、諸行無常《しょぎょうむじょう》の響《ひびき》あり。沙羅雙樹《さらそうじゅ》の花の色、盛者必衰《じょうしゃひっすい》の理《ことわり》をあらはす。驕《おご》れる人も久しからず、唯《ただ》春の夜《よ》の夢の如《ごと》し。猛《たけ》き者もつひには滅びぬ、偏《ひとえ》に風の前の塵《ちり》に同じ――


は諳《そら》んじている方も少なくないでしょう。名調子のなかに、平家がたどってきた盛衰が見事に表されていますね。

〈語り本〉は、巻第一から巻十二までの十二巻に、灌頂巻《かんじょうのまき》を加えた、一方流《いちかたりゅう》系の味わいがよりいっそう深いと思います（一方流というのは、琵琶にあわせて『平家物語』を語る

「平曲」の流派のひとつです)。

その灌頂巻に描かれた後日談のなかの悲哀をたどってみましょう。

「三千院」を歩く

舞台は、洛北大原です。

大原と聞いて〈女ひとり〉という歌謡曲を思い出すのは年輩の方に限られるかと思いますが、東京オリンピックが終わり、日本の高度成長期、女性のひとり旅がまだ珍しかったころに作られた流行り歌です。


――京都大原三千院　恋に疲れたおんながひとり――


という歌詞からはじまります。

当時まだ中学生だった僕でも、哀愁を込めたメロディーに乗せて歌われる歌詞を聴いて、まだ見ぬ大原に憧れを抱いたものです。

名前だけは知っていても、大原に行ったことがなかったのですが、この歌を切っ掛けにして行ってみようと思ったのです。歌のチカラは絶大なものがありますね。

僕は、小学生のころからお寺や神社を訪ねるのが好き、という変わった子どもでしたが、それでも大原は未踏の地でした。というのも、アクセスがけっこう不便だったからです。そしてそれは、今も大きく変わっていません。鉄路はありませんから、公共交通機関としてはバスに頼るしかありません。

ＪＲ京都駅から大原へは直通バスがありますが、一時間以上はかかります。それほど鄙《ひな》びた地ということなのですが、今の時代でもそんな感じですから、当時は地の果てくらいに思われていたのではないでしょうか。

〈女ひとり〉という歌には大原「三千院《さんぜんいん》」が出てきますが、物語の舞台となるのは「寂光院《じゃっこういん》」です。大原のバス停から「寂光院」までは優に一キロ以上の距離がありますから、そこを歩くだけでも、ひと苦労。

せっかくの大原ですから「**三千院**」も訪ねることにしましょう。

と、その前に是非とも訪ねたいのが「**音無《おとなし》の滝**」です。

「三千院」の手前、石段下から山道を上がっていきます。ただし、足元が不安な方は行かないようにしましょう。

登山靴ほどの大仰《おおぎょう》なものはいりませんが、ハイヒールなどでは不安があります。最初から「音無の滝」も行程に入れるなら、大原へはスニーカーで行くことにしましょう。

「三千院」の手前の石段から往復すると、ざっと一時間ほどかかるのですが、別天地のような滝を間近にすれば、来てよかったと思っていただけるでしょう。

滝の近くに建つ「**来迎院**《らいごういん》」を建立《こんりゅう》した良忍上人《りょうにんしょうにん》は、天台声明《てんだいしょうみょう》と呼ばれる、仏教の儀式音楽を興《おこ》した人です。

声明とは、グレゴリオ聖歌のような、荘厳な節をつけて歌われるお経ですが、音楽として聴いても耳に心地よく響きます。ふつうのお経に比べると相当難しいと聞きます。練習が必要なのです。

僧侶たちはこの滝に向かって懸命に声明の修行をします。それを続けるうち、声明と滝の流れの音が一体となり、滝の音が聞こえなくなることがあるというのです。それが「音無の滝」の名の由来です。

さて、滝から戻ってきたら「三千院」にお参りしましょう。

奈良時代に比叡山《ひえいざん》「延暦寺《えんりゃくじ》」を開創した最澄《さいちょう》が、住房《じゅうぼう》として建てた〈円融房《えんゆうぼう》〉が、「三千院」のはじまりとされているそうです。

そののち、近江《おうみ》の坂本に移ってからも何度か移転を繰り返し、現在の大原の地に落ち着いたのは明治初期ということですから、この地での歴史はさほど長いものではないようです。

それに比べて、境内に建つ〈往生極楽院《おうじょうごくらくいん》〉は、元々この大原の地にあった阿弥陀堂《あみだどう》で、「三千院」本坊が当地に移転してきた際に、境内に取り込まれたものですから、古色蒼然《こしょくそうぜん》としていますね。これは平安時代に、恵心僧都源信《えしんそうずげんしん》が建立したものと伝わっています。

国宝にも指定されている阿弥陀三尊像が安置されているのですが、そのあまりの大きさに、なんと天井を船底型に折り上げたといいますから驚きです。そしてその天井には極楽浄土の天女や菩薩《ぼさつ》が描かれ、極楽の様子を垣間見《かいまみ》ることができます。

国宝がこんな無防備でいいのだろうか。〈往生極楽院〉を拝むたびにそう思ってしまいますが、これこそが本当の贅沢《ぜいたく》なのかもしれません。

都落ちした建礼門院徳子の哀しみに寄り添った「寂光院」

「三千院」をあとにして「寂光院」へと向かいます。いったん山から下りてきて、またゆるやかな山道を上っていく感じです。

里山という言葉がしっくりくる眺めを横目にしながら、のんびりと歩きます。川沿いには畑が点在し、その合間には茅葺《かやぶ》きの民家が建っています。伸びやかな空気が流れ、空の広さを感じます。おそらくこの眺めも古《いにしえ》と大きく変わっていないだろうと思います。

ゆるやかな坂道を上っていくと、やがて「寂光院」の小さな山門が見えてきます。ここまでの道のりを振り返ってみると、どれほど都から遠いかがお分かりになるでしょう。都落ちという言葉を実感できます。

この「寂光院」の墓地に眠るヒロインは建礼門院徳子《けんれいもんいんとくこ》です。平清盛《たいらのきよもり》を父に持ち、高倉《たかくら》天皇の中宮、安徳《あんとく》天皇の国母。平家の中枢にいた女性ゆえでしょうか。平家が終焉《しゅうえん》を迎えると、悲哀に満ちた暮らしを余儀なくされたようです。そうした日々は、平家物語の灌頂巻につぶさに描かれています。

悲劇のはじまりは、壇ノ浦《だんのうら》の戦いです。

激しい合戦ののち、もはやこれまでと意を決した安徳天皇は祖母と共に入水《じゅすい》（水中に身投げ）します。もちろん徳子もあとを追ったのですが、皮肉なことに源氏方に助けられてしまいます。

これには異説もあり、母である時子から、平家一門の菩提《ぼだい》をとむらうために生き延びよと言われ、それに従ったとも言われています。

いずれにせよ、そこから、徳子はいばらの道を歩みはじめるのです。

壇ノ浦の戦いで生き残った平家一族は京の都に移送され、斬首や配流などの処罰を受けますが、徳子は無罪放免となります。生き恥をさらす暮らしを余儀なくされた徳子は、吉《よし》田山《だやま》に隠棲《いんせい》し、やがて「八坂神社」の奥に建つ「長楽寺《ちょうらくじ》」で出家します。

髪を剃《そ》り、平穏といえば平穏な暮らしを続けていた徳子に、また悲劇が襲い掛かります。地震です。夏のはじめに起こった地震は、京の街に大きな被害をもたらし、徳子が住まいとしていた吉田山の坊も倒壊してしまいます。

それを機に、徳子は大原へ移り住むことになりました。秋のはじまるころです。


――山里は　物のさびしき事こそあれ　世の憂《う》きよりは　住みよかりけり――

山里での暮らしはさびしいことではあるが、わずらわしい俗世間よりは住みやすいものだ。古今集の歌にあるような、そんな心境だったようです。

華やかな御所での暮らしぶりとは打って変わり、これ以上はないほどの侘《わ》びた住まいに、付き添うことになった右京大夫《うきょうのだいぶ》も哀しみを禁じ得ません。

――御庵のさま、御住《おんす》まひ、ことがら、すべて目も当てられず――

そう書き残しています。目も当てられない、とまで書いているのですから、よほどひどかったのでしょうね。

――都ぞ春の錦《にしき》を裁《た》ち重ねて候《そうろ》ふし人々、六十余人ありしかど、見忘るるさまに衰《おとろ》へはてたる墨染《すみぞ》めの姿して、僅《わず》かに三、四人ばかりぞ候はるる――

身の回りを世話する女性は二十分の一に激減したのですが、そのお付きの女性たちも、また悲劇のヒロインと言えなくもありません。

なかでも、先にあげた右京大夫などは、助演女優賞を進呈したいくらいです。

人の苦しみや哀しみは、本人が語るよりも周りにいる人がその様子を語るほうが、より深く感じられるものだ、というのはよくあることですが、右京大夫のこの歌を読むと、それがよく分かります。

――今や夢　昔や夢とまよはれて　いかに思へど　うつつとぞなき――

今、目の前のことが夢なのか、それとも昔の思い出が夢なのか。心は迷うばかりで、どう考えてもこれが現実とは思えない。右京大夫は徳子の様子を目の当たりにして、その思いを幾度となく歌に詠《よ》みます。

――仰《あお》ぎ見し　昔の雲の上の月　かかる深山《みやま》の　影ぞ悲しき――

雲の上の月のような存在であった徳子を、こんな山深い里で見るのは、なんと哀しいことだろう。……寂しげな光景が目に浮かびますね。

涙なしに聞けない『平家物語』のクライマックス

しかし、灌頂巻のなかで最も胸を打つのは、なんといっても〈大原御幸《おおはらごこう》〉でしょう。秋に大原へ移り住んだ徳子を、すぐにでも訪ねようとする後白河法皇《ごしらかわほうおう》でしたが、厳しい冬は雪も深く、そうやすやすと大原まで行くことはできません。祭《まつり》が済むのを待って、数人のお伴だけを連れて大原へと向かいます。

——これをして〈大原御幸〉と呼んでいます。平家物語のエピローグでありながら、クライマックスとも言える場面です。

おそらくは洛中から鞍馬《くらま》街道《かいどう》を通って、大原まで行ったのでしょう。長い時間をかけ、ようやく一行が「寂光院」に着いたとき、徳子は裏山へ花を摘みに行って留守でした。

ここでまず法皇は大きなショックを受けます。かつての中宮が自ら花を摘みに行くとは、なんと憐れなことだと法皇は嘆きますが、留守居をしていた老尼が、こう答えます。

——捨身《しゃしん》の修行をしているのですから、何ごとにも身を惜しんではなりません。今たどっている運命は過去の因《いん》によって決まったことで、これからたどる運命は今何をするかによって決まるのですから——

老尼は、阿波内侍《あわのないし》でした。

やがて、藤原輔子《ふじわらのほし》を伴って山から下りてきた徳子は、思いもかけなかった法皇の来訪に戸惑い、面会をためらいます。それはそうでしょう。栄華を極めた自分が落ちぶれてしまった姿を見られたくない気持ちは、誰でも分かりますよね。

しかし遠路はるばる訪ねてきてくれた法皇を、いくらなんでも門前払いにするわけにはいきません。

阿波内侍にうながされ、覚悟を決めた徳子は、法皇と対面することとなります。侘びた、といえば聞こえが良すぎるでしょう。寂れた山寺の、傷みが目立つ座敷で、法皇と向かい合った徳子は最初こそうつむき加減でしたが、意を決して重い口を開くと、よどむことなく思いを語りはじめます。ここからが、かの有名な〈六道語り《ろくどうがた》〉です。

六道とは、仏教の言葉で、あの世とこの世を六つに分けて戒《いまし》めとしたものです。

上から、天道《てんどう》、人間道《にんげんどう》、修羅道《しゅらどう》、畜生道《ちくしょうどう》、餓鬼道《がきどう》、地獄道《じごくどう》と続きます。

上の三つは善いほうですが、下の三つはできれば避けたい道が並んでいますね。

この六道を、出家してまだ間もない徳子が語ったというのは、どういうことでしょう。

つまり徳子は、これら六つの道を実際に経験したという話なのです。それも上から順に、だんだん落ちてゆくのですから、これほど辛いことはありません。

語るほうもですが、それを聞かされる法皇もさぞや辛かったでしょうね。まさに語るも涙、聞くも涙です。

平清盛の娘として生まれ、やがて天皇の母となる人生。それは誰がどう見ても「天道」でしょう。何不自由なく贅沢を極めた暮らしが長く続き、いつしかそれが当たり前だと徳子は思っていたのですね。

そこから「人間」としての苦しみを人並みに味わうようになり、やがて一ノ谷の戦いで、平家一門の多くが滅んだあたりから、「修羅」の道へと進むことになります。

そしていよいよ壇ノ浦の戦いがはじまると同時に、徳子は「地獄」の入口を見、その道を突き進むのです。死ぬも地獄、生きるも地獄とはよく言ったものです。徳子はここから生き地獄をつぶさに見ます。

我が子をはじめ、近しい人たちが次々と海に沈みゆくさまを目の当たりにし、自らもあとを追うのですが、憎き敵方に助けられてしまうという屈辱を味わうことになるのですから、それはもう間違いなく地獄の底です。

天道から地獄道までの六道を地で行った徳子の話を間近で聞いた法皇は、大きなため息をつき、がっくりと肩を落とします。

しばらくの沈黙のあと、夕陽が傾きはじめ、「寂光院」の鐘が鳴ります。

それを潮に席を立った法皇は、あふれそうになる涙を必死でこらえ、徳子に別れを告げて立ち去ります。


——先帝聖霊　一門亡魂　成等正覚《じょうとうしょうがく》　頓証菩提《とんしょうぼだい》——


先の帝の御霊や、平家一門の亡き魂が正しい悟りを開き、一刻も早く仏果が得られますように。

法皇を見送りながら、徳子はそう祈りました。

徳子に人生をささげ、今もここに眠る侍女たち

平家物語にはさまざまなバージョンがありますから、実際はこのとおりではなかったかもしれません。本によっては、徳子が法皇に恨みつらみを長々と語り、法皇は辟易《へきえき》して帰

って行ったというものもありますが、僕にはこの六道語りが一番しっくりきます。

——池水《いけみず》に　汀《みぎわ》の桜散り敷きて　波の花こそ盛《さかり》なりけれ——

これは、法皇が大原御幸のことを詠んだ一首だと伝わっています。水際の桜が散って、その花が池の水面に敷きつめられ、その様子こそ満開に咲く桜だ……というような意味ですが、散る桜と白く泡立つ波に、壇ノ浦に散った、徳子の息子安徳天皇を重ねて詠んだものだともされています。もしもこのとき、後白河法皇が徳子からただ恨み言を聞かされていたとしたら、こんな歌を詠んだりしないのではないかと思うのです。

今も境内に、その〈汀の池〉は残っています。

遅咲きの桜や藤の花、山吹の花などが、いつの世も咲き競っていたのでしょう。

境内には、法皇がその鐘の音を聞いただろう鐘楼《しょうろう》もあります。〈大原御幸〉の場面を思い浮かべながら参拝すると、いっそう趣が深くなることでしょう。

お寺のすぐ隣にある徳子のお墓にもお参りしておきましょう。六道を実体験した女性など、そうそういるものではありませんから。

「寂光院」の境内にあった徳子の庵室跡には石碑が建っています。

大原御幸の際には、

――軒《のき》には蔦槿《つたあさがお》這《は》ひかかり、信夫《しのぶ》まじりの忘草《わすれぐさ》。後ろは山、前は野辺《のべ》――

と、その様子を記し、

――来る人まれなる所――

とまで書いた、その庵がまさにここにあり、徳子はそこで隠棲していたのです。

その庵室を見下ろすかのように、あるいは見守るかのように、小高い山の上に五人の侍女たちの墓が並んでいます。

きっと訪れる人などほとんどいないのでしょう。苔むした石段を、息を切らしながら上っていくと、大きな杉の木の根元に、墓石が点在しています。

竹垣に囲まれて眠っているのは、阿波内侍、大納言佐局《だいなごんのすけのつぼね》、治部卿局《じぶきょうのつぼね》、右京大夫、そして小侍従局《こじじゅうのつぼね》の五人の侍女たちです。前列に四基、後列には小侍従局という配列になっているのは、身分の違いからでしょうか。死してもなお、位が残るとしたら、さらにせつない話です。

彼女たちにはそれぞれに歩むべき人生もあったでしょうに、ここ大原の地で、徳子とともに暮らし、徳子を支え続けて一生を終えたのです。

徳子の身の回りの世話をして、心の慰めとなった五人の侍女たちにも、どうか手を合わせてあげてください。

大原名物〈大原女〉〈柴漬け〉

実はこのころに生まれたものが、大原に今も残る名物となっています。

ひとつは〈大原女《おはらめ》〉です。

島田髷《しまだまげ》を結い、手拭いをかぶって、編んだ薪《たきぎ》を頭の上に載せ、肩に赤いたすきをかけ、紺地の筒袖で、絣《かすり》の前掛けを付ける。足元は二本鼻緒の草鞋《わらじ》という姿。この姿で行商する女性を大原女といいますが、この原型となったのが阿波内侍だと言われています。

大原で暮らすようになった阿波内侍が御所にお仕えに行くときの恰好を、村人たちが真似て作業着にするようになったことから、大原女のスタイルが定着したといいます。たくましく働く女性の象徴とも言える姿は、徳子のために人生をささげた女性から生まれたものだったのです。

そしてもうひとつ。今や大原だけでなく、京都を代表する名産品ともなったお漬物のひとつ、柴漬《しばづ》けにまつわるお話です。

やんごとなきお方とどう接していいものやら。最初は大原の里人たちも遠巻きにするしかありません。無礼があってはいけませんし、世が世なら間近にお顔を拝することすらできなかったような方ですから。

それでも少しずつ接する機会が増えるようになり、やがて、ひとりの尼僧として徳子が大原の地で侘《わ》びた暮らしを続けていることに、里人たちは憐れみを覚えるようになります。栄華を極めたころとは天と地ほどの違いがあることを、里人たちは知っています。誇り高き存在であったはずの徳子が、日に日に元気を失い、やつれていくことに、里人たちは心を痛め、何か自分たちにできることはないかと思案します。

そして考え付いたのが今の柴漬けの原型となる漬物です。

茄子《なす》や胡瓜《きゅうり》などに塩をし、赤紫蘇《あかしそ》の葉と一緒に漬け込むことで、鮮やかな紫色になることを知っていた里人たちは、それを作り、徳子に献上します。

味わいはもちろんのこと、御所を象徴する紫色の漬物を作り、誇りを取り戻させようとした里人たちの気持ちに、徳子は深く感動しました。

そしてそれを〈紫葉漬〉と名付け、大原の名物とするよう伝えます。

それがいつしか柴漬けと呼ばれるようになり、今に至っているのです。

女ひとり。あの流行り歌は、ひょっとすると徳子がモデルだったのかもしれません。恋に疲れた女がひとり。恋ではなく、生きることに疲れた女がひとり。「寂光院」では語呂が悪いので「三千院」にした。そんな気がしてなりません。

「里の駅 大原」の朝市

洛北大原と聞いて、京都の料理人さんたちが真っ先に思い浮かべるのは、毎週日曜日の朝に開かれている大原の朝市でしょう。

かつては僕も、毎週のように通っていました。京都を代表する料理人さんたちと一緒に、野菜や花を買い、語らったものですが、旅に出ることが多くなり、すっかり足が遠のいてしまいました。

今も、鞍馬街道《くらまかいどう》沿いの特設会場では同じ朝市が開かれていますが、そのあまりの人気ぶりに、大原の特産品を、日曜だけではなくいつでも買い求められるようにと作られたのが「**里の駅 大原**」という施設です。

ここでは朝市と同じように、地元の農家の方々が栽培された野菜やお惣菜《そうざい》などが販売されています。

先に書いた柴漬けも、ここでは本場の物を買い求めることができます。僕がいつも買うのは坂田さんという農家の方が漬けた柴漬けです。保存料だとか人工的な着色料が入っていないので、素朴な味わいを愉しめます。何より作った人がはっきり分かるのが嬉《うれ》しいですね。

素朴な巻き寿司や焼鯖《やきさば》寿司なども手軽に味わえますし、少し荷物になりますが、農家直販の野菜もお土産にできます。是非立ち寄ってみてください。

広々とした庭に面した部屋で舌鼓――「野むら山荘」

有名観光地の常として、進んで入りたくなる食事処がほとんど見当たらないのが大原というところです。

空腹を満たすだけのお店ならいくらでもありますが、わざわざ足を運びたくなる店となれば、**「野むら山荘」**をおいて、ほかにはありません。

「寂光院」からも「里の駅 大原」からもそう遠くはありません。

料理屋さんですが、基本的には予約制ですから、事前の予約が必要です。

入口を見ると少し気後れしてしまうかもしれません。それほど立派な佇まいで、鄙びた里のイメージとは違って、雅なお屋敷然とした造りの建物です。

玄関にかかる大きな暖簾や、庭までのアプローチに、既視感を持たれる方もおられるかもしれませんね。

初めて訪れたのに、以前にも来たことがあるような。

きっとそれはテレビドラマを通じてのことだろうと思います。広々としたお屋敷は京都らしい佇まいで、お部屋も庭もどこを切り取っても絵になるので、テレビドラマのロケによく使われているのです。

僕も何度かこのお店が登場するドラマを見ましたが、たしかに洛中のどこかにありそうなお屋敷です。

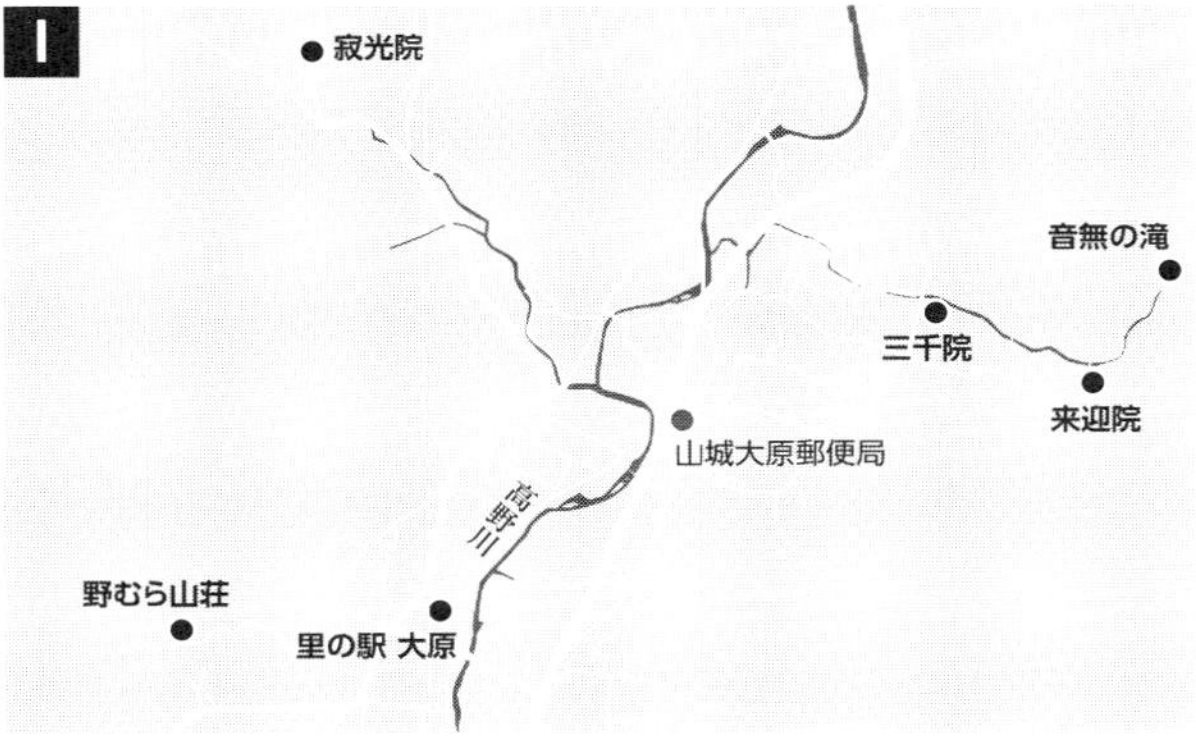

それはさておき、このお店の名物は手打ち蕎麦と軍鶏肉料理です。そのふたつを組み込んだランチコースが一番のおすすめです。

洛中のお店との最大の違いは、その伸びやかな眺めでしょう。広々としたお庭に面した部屋で食事をしていると、ここがどこだか一瞬忘れてしまいそうになります。器も含めて洗練された料理なのに、山から吹きおろす風が心地よく、空気も美味しいのです。

唯一無二の存在といっていいでしょう。ここと似たようなお店を京都で探すのは難しいと思います。だからこそ、ドラマ制作者もシーンに登場させたくなるのかもしれません。

お庭のなかに建つステージのようなテラス席もおすすめです。緑に囲まれたテーブル席では、顔が緑に染まりそうなほど、緑あふれる空間でゆったりと食事をすることができます。

わざわざここで食事をするためだけに大原を訪れても、決して後悔しません。「野むら山荘」はそんなお店です。

「清水寺」と西郷どん
――多くの人の悲劇を背負ってそびえる美しい寺社

Map J

NHKの大河ドラマは、毎年大きなブームを巻き起こしますね。

日曜の夜八時から四十五分間という、放映時間も絶妙だと思います。たいていの家では家族揃ってテレビの前にいることが多いでしょうから。

歴史上のヒーローやヒロインが主人公となり、その活躍ぶりとともに、知られざるエピソードをドラマ化し、ときにはドキドキわくわくさせ、ときには笑いを呼び、ときにはしんみりさせる。ついつい毎週見てしまうという方も多いのではないでしょうか。

昔は歴史小説に忠実な筋書きだったように思いますが、最近は脚本優先というのでしょうか、突飛なシーンもときおり見かけるようになりました。

大河ドラマの影響を最も大きく受けるのは、〝主人公ゆかりの地〟です。ドラマの概要が発表されると、ゆかりの地は火が付いたように沸き立ち、観光客誘致のために、あらゆる方策を講じます。

平成三十年に放送された第五十七作は、西郷隆盛《さいごうたかもり》を主人公にした〈西郷《せご》どん〉でした。西郷隆盛といえば、幕末から明治にかけて活躍した薩摩《さつま》藩士《はんし》ですから、ゆかりの地となれば、まずは鹿児島ですが、京都にもゆかりの地は少なからず存在しています。

鳥羽《とば》伏見《ふしみ》の戦いの際に五重塔に上ったとも言われる「東寺《とうじ》」、薩摩藩の祈願寺となった伏見の「大黒寺《だいこくじ》」、「東福寺《とうふくじ》」の「即宗院《そくしゅういん》」などが、西郷隆盛ゆかりの地として知られていますが、忘れてならないのは「**清水寺**《きよみずでら》」です。

京都好きの方で「清水寺」をご存じないなどあり得ないでしょうし、きっと一度は参拝されたことがあると思いますが、このお寺の境内に建つ塔頭《たっちゅう》「成就院《じょうじゅいん》」は、西郷どんゆかりの地なのです。

清水寺は「舞台」以外にも見どころがたくさん

大きくせりだした〈清水の舞台〉は、世界遺産にも登録されていて、あまりにも有名ですが、こうした有名なものがあると、そこにばかり目がいってしまい、ほかのものを見落としがちになるのは、少しばかり残念なことです。

そこで、せっかくですから、「清水寺」を歩いてみましょうか。

京都の街なかから「清水寺」を訪ねようとすれば、けっこうな上り坂を上がらねばなりません。というのも清水寺は、東山三十六峰のひとつ、清水山という山に建っているからです。標高二百四十二・五メートルという低い山ですが、山であることに変わりはありません。

二年坂、三年坂と上っていくと、最後は清水坂。松原通を東に進むと、ようやく仁王門が見えてきます。

早速くぐりたくなりますが、その前に門前の「**善光寺堂**《ぜんこうじどう》」にもお参りしておきましょう。

「清水寺」には七不思議と呼ばれるものが伝わっていますが、そのうちのひとつが、この「善光寺堂」の前に祀られた小さなお地蔵さまです。

俗に〈**首振り地蔵**《くびふ》〉と呼ばれているのですが、このお地蔵さまは首と胴体がつながっておらず、首は三百六十度回ります。

ここでのお参りの方法は少し変わっていて、願いを込めながら、首振り地蔵さまの首を持って、待ち人がいる方向へ向ける、というものです。お参りが済んだら、必ずもとに戻しておきましょう。

お地蔵さまの頭は石でできていますから、決して軽くはありません。ちょうどボウリングのボールくらいの重さはありますので、そのつもりで持ってください。

この首振り地蔵さまの由来は諸説ありますが、これを彫ったとされている祇園町《ぎおんまち》の幇間《ほうかん》だった男が借金で首が回らないまま亡くなったのを憐《あわ》れんだ後世の人々が、首を回せるようにした、という説が有力とされています。たくさん借金を抱えている方にはご利益があるかもしれません。

さて、その七不思議ですが、ふたつ目は仁王門にあります。門前に立つ狛犬《こまいぬ》がそれです。狛犬はふつう、口を開けている〈阿《あ》〉と、口を閉じている〈吽《うん》〉が一対になっています。阿吽の呼吸というものですね。ところがこの仁王門前の狛犬は両方とも〈阿〉の形をしているのです。

〈阿〉は物事のはじまり、〈吽〉は終わり。すなわち一対の狛犬は宇宙のはじまりから果てまでを表すと言われているようですから、ここには果てはないということなのかもしれませんね。

七不思議ですから、あと五つの不思議があります。つぶさに見物していると、なかなか西郷どんまでたどり着けないので、先を急ぎましょう。

もしもまだご覧になったことがなければ、〈清水の舞台〉と呼ばれる本堂と、その横にある音羽《おとわ》の滝くらいは見ておきましょう。

境内の北のほうにまわると池があり、その横には〈千体石仏群《せんたいせきぶつぐん》〉と名付けられたお地蔵さまが並んでいます。そのすぐ奥に建っているのが「**成就院**」。西郷どんが、かつての住職である月照《げっしょう》と親交を深めたお寺です。残念ながらふだんは公開されていません。おおむね春と秋の二度、特別公開されますので、そのときを待ちましょう。ただ、なかまでは入れなくても、当時の空気を偲《しの》ぶことはできると思います。

西郷と身投げし、ひとり命を失った悲劇の僧・月照

さて、月照とはどんな人物だったのでしょう。

大坂で町医者をしていた玉井宗江の長男として文化十年に生まれた月照は、幼名を久丸《ひさまる》

といったそうです。生誕の地が大坂だったのか、父・宗江の故郷である讃岐国《さぬきのくに》だったのかは、定かではありません。

そのころ、月照の叔父にあたる蔵海《ぞうかい》が、「清水寺」の塔頭《たっちゅう》（本寺の境内にある個別の坊）「成就院」の住職をしていました。十五歳になっていた久丸はその伝手《つて》を頼って「成就院」に入り、得度《とくど》（出家すること）してからは忍鎧《にんがい》を名乗るようになります。

そののち、天保六年に蔵海が亡くなったことを契機に、跡を継ぐ形で月照は「成就院」の住職となりました。

そのころの「成就院」は、近衛《このえ》家の祈願寺となっていたことから、月照は近衛忠熙《ただひろ》と親しく付き合うようになります。当時、近衛家は薩摩藩と縁を深めていたこともあり、月照は両者のあいだを行き来する機会が増えていきます。そこで出会ったのが西郷吉之助《さいごうきちのすけ》（のちの西郷隆盛）だったのです。

よほど馬が合ったのでしょうね。十五歳も年下なのに、月照は西郷吉之助とひんぱんに会うようになり、親交を深めていきます。

西郷吉之助をはじめとした、攘夷《じょうい》派の武士や公家たちと意見を戦わすうち、月照も次第に尊王攘夷《そんのうじょうい》思想に傾いてゆくのです。

攘夷の気運が高まりつつあった安政五年、事態は急変します。西郷の主君である島津《しまづ》斉彬《なりあきら》が急逝してしまいました。あまりに急なことだったので動揺が大きかったのでしょう。悲嘆に暮れた西郷吉之助は、斉彬のあとを追って殉死しようとしたのです。

このことを知った月照は、思いとどまらせようと必死の説得を試みました。

――あなたが斉彬公の遺志を引き継ぎ、世を改革することこそが、人としてあるべき姿でありましょう。あとを追ったとして、ご主君は哀しまれこそすれ、お喜びになることは決してありませぬ――

その月照の言葉を聞いた吉之助は、なんとか思いとどまりました。

これでひと安心かと思えば、一難去ってまた一難。その年の夏になると、世に言う〈安《あん》政《せい》の大獄《たいごく》〉がはじまります。尊王攘夷を忌み嫌う井伊《いい》大老を中心とする幕府は、月照にも目を付けるようになります。

自分のことだけでなく、薩摩藩にとっても大恩ある月照です。吉之助はひそかに月照を連れて、故郷薩摩に戻ります。

ここでひとつ、吉之助の誤算がありました。

薩摩藩の姿勢が一変していたことに、吉之助は気づいていなかったのです。

幕府の顔色を窺うようになっていた藩は、月照を〈日向送《ひゅうがおく》り〉にするよう命じました。

〈日向送り〉と言いながら、実際は日向国へ送るのではなく、日向国との国境で謀殺することを意味しているのを、吉之助は承知していました。

主君を失ったばかりか、今度は盟友でもある月照を、手にかけなければならない。

哀しみ嘆く吉之助は、月照と一緒に死ぬことを決意し、そう月照に伝えます。勘のいい月照のことですから、〈日向送り〉の意味するところに気づいており、とうに覚悟も決めていたので、吉之助との心中を承諾しました。

月照と吉之助のふたりを乗せた船は、錦江湾《きんこうわん》へと向かいます。

波はあくまで穏やかで、ふたりを見守るように静かに波音を立てていました。

沖合に出てしばらく船が進んだところ、吉之助は月照の肩をしっかと抱き、月照も吉之助に身をあずけ、ふたりは海に飛び込んでしまいます。

驚いたのは〈日向送り〉を見届けるために同行していた藩士たちです。急いでふたりを引き上げたのですが、時すでに遅し。介抱の甲斐あって、吉之助は一命を取りとめましたが、月照は帰らぬ人となってしまいました。享年は四十六歳、吉之助は三十一歳でした。
死を覚悟していた月照は、辞世の句を詠んでいました。

――大君の　ためにはなにか　惜しからむ　薩摩の瀬戸に　身は沈むとも――

これに対して、吉之助もこんな歌を詠んでいます。

――ふたつなき　道にこの身を　捨て小舟　波立たばとて　風吹かばとて――

月照の言う大君とは、きっと天皇のことでしょう。天皇のためなら、命を失っても惜しくないと、最期の瞬間まで尊王思想を貫きました。
いっぽうで吉之助もまた、「ふたつなき道」という言葉を使って、勤王の志を歌に表したのです。「ふたつとない命」と解釈することもあるようですが、僕は「ふたつとない、つまり、たったひとつの、我が信じる道」と言いたかったのではないかと思います。その道のために、波が立っても風が吹いても、我が身を捨ててでもこの小舟に乗るのだ、ということを詠いたかったのではないでしょうか。

吉之助と京都で出会うことがなければ、月照がこれほど早く命を落とすことはなかったでしょう。明確な意志を持って行動した吉之助と違い、月照は巻きこまれたようなものですから。

しかしながら、志を同じくする吉之助の胸に抱かれて、あの世へ旅立てたのはしあわせだったのかもしれません。人の一生は、その長短で幸不幸が決まるものでもなければ、遂げた〝最期〟で、その人の価値が決まるものでもありません。

西郷と月照の思いを今に残す「成就院」

さて、そんなふたりの思いを今に残しているのが「清水寺」の塔頭「成就院」なのです。このお寺の最大の見どころと言われているのが〈月の庭〉です。月照という名前にピッタリのお庭ですね。お月さまが白々と庭を照らす——。少しできすぎのような気もしますが。

かつての「成就院」の正門は、今は「清水寺」の北総門になっています。そしてその門前には石碑が建っています。

石碑には、吉之助が月照の十七回忌に詠んだと言われる漢詩が刻まれています。

十数年も前に、一緒に死のうとした月照に思いを馳せ、自分だけが生き残ってしまったことへの後悔と哀切を詠んだ漢詩です。

相約《あいやく》して淵《ふち》に投《とう》ず後先無《こうせんな》し
豈図《あにはか》らんや波上再生《はじょうさいせい》の縁《えん》
頭《こうべ》を回《めぐ》らせば十有余年《じゅうゆうよねん》の夢《ゆめ》
空《むな》しく幽明《ゆうめい》を隔《へだ》てて墓前《ぼぜん》に哭《こく》す

互いに約束をして、海に身を投げたのはふたり同時で、どちらが先でも後でもなかった。なのに、思いがけず自分だけが生き残ってしまった。思いを巡らせてみると、十数年のことが夢のようだ。今となっては、ただただむなしいばかり。此岸《しがん》と彼岸《ひがん》に分け隔てられて、あなたのお墓の前で慟哭《どうこく》するしかない。

そんな詩だろうと思います。十数年を経てもなお、これほどの哀惜の念を抱くのですから、吉之助の月照への愛はよほど深いものがあったのでしょうね。

上野の西郷さんや、写真で見る吉之助さんの姿と、月照さんと入水《じゅすい》心中する西郷さんが、僕のなかではどうしてもつながらないのですが、実際のところはどうだったのでしょう。下世話な話になって申し訳ないのですが、どうにも気になって仕方がないのです。

〈西郷どん〉の原作をお書きになった女性作家の方は、今でいうボーイズラブっぽく描いておられるように思います。男性どうしの純愛だったのでしょうか。

当時の薩摩では、さほど珍しいことではなかったようで、そういう意味では、今の時代よりもＬＧＢＴに対する理解があったのかもしれませんね。同性でも異性でも、とことん相手に尽くすという時代だったようです。

月照と弟・信海に忠義を尽くした──「忠僕茶屋」

それを象徴しているのが、十一重石塔《じゅういちじゅうせきとう》の近くにある「忠僕茶屋《ちゅうぼくちゃや》」と、錦雲渓《きんうんけい》にある「舌切茶屋《したきりちゃや》」という、ふたつの茶店です。

ふたつとも、「清水寺」の境内の右手、南側にあります。

仁王門をくぐり、三重塔が見えてきたら、右手にまわります。ゆるやかなカーブを描く石段を下りると、小さな池が見えてきて、広場に出ます。平屋建てで、赤い毛氈《もうせん》を敷いた床几《しょうぎ》を店の内外に並べているのが「忠僕茶屋」です。

季節によって多少の変更はありますが、おおむね甘味の店です。わらび餅《もち》や甘酒、ぜんざいやお菓子付きの抹茶など、昔ながらの甘味はたいていていメニューに載っていて小腹を満たしてくれます。おなかが空いていれば、きつねうどんもあります。小さめの油揚げを斜め半分に切った、三角形のお揚げさんが載ったおうどんは、いくらか濃いめのつゆが美味しく、茶店のうどんながら侮れない味です。

ここで注目したいのが茶店の名前。〝忠僕〟という言葉が付いているのはなぜでしょう。

話はさきほどの月照に戻ります。

十四歳という若さで、月照の身の回りをする仕事に就いた大槻重助《おおつきじゆうすけ》という若者がいました。月照上人が日向へ送られる際にも同行します。そのころでもまだ二十代です。

先述しましたように、月照は入水し帰らぬ人となってしまいました。その哀しみを乗り越えて、重助は月照の遺品を京都に持ち帰りました。

そのことを知った幕府方は、重助を捕えて六角獄舎《ろつかくごくしや》につなぐのですが、その牢屋《ろうや》のなかで、月照の弟・信海《しんかい》と再会することになるのです。信海は月照の三歳下の弟で、月照とともに活躍した、勤王の僧です。

その信海はのちに江戸へ送られ、かの伝馬町《てんまちよう》の牢内で病に倒れ、志を果たすことができぬまま亡くなってしまいます。

それを予想していたのでしょうか。信海は、後々のことを重助に託したのです。ようやく牢獄《ろうごく》から解き放たれた重助は、一度は故郷に帰ったのですが、月照と信海に生涯をささげようと思いなおし、再び「清水寺」に戻りました。

月照と信海、ふたりの上人のお墓を守り続ける重助の忠義を認めた「清水寺」は、重助に茶店の営業を許し、今に至っています。それゆえこの茶店には「忠僕茶屋」という屋号が付いているのです。

西郷と月照の逃亡を手伝い、命を懸けて秘密を守った――「舌切茶屋」

もうひとつの茶店「舌切茶屋」は、音羽の滝へ向かう道すがらにあって、メニューは「忠僕茶屋」と同じような構成です。こちらの床几《しょうぎ》には、赤い毛氈《もうせん》ではなく、ゴザが敷かれています。

こちらの茶店の名物は、ところてんのようです。

ところてんといえば、京都では黒蜜ときな粉をかけて食べます。しかし、関東では酢《す》醤油《じょうゆ》をかけて食べると聞いて驚いたことがあります。辛子《からし》を添えることもあると聞いて、それではおやつにならないのでは、とちょっと驚きましたが、ところ変われば品変わるものですね。

そんな関東からのお客さんが多くお越しになるからか、「舌切茶屋」のところてんは二種類用意されていて、黒蜜か酢醤油のどちらかを選べるようになっています。

さてこの「舌切茶屋」。隣に座っていたカップルが、おとぎ話の〈舌切りすずめ〉と関係があるのかなぁ、なんて話していましたが、そうではありません。

勤王の姿勢を貫いていた当時の「成就院」には、月照、信海の両上人と、ふたりに仕えた大槻重助のほかに、もうひとりの立役者がいました。それが近藤正慎《こんどうしょうしん》。「成就院」の執事を務めた人物です。

丹波国《たんばのくに》に生まれた正慎は、月照や信海と一緒に「成就院」で出家しましたが、二十六歳のときに、町娘と間違いを犯してしまい、一度は寺を放逐《ほうちく》されます。

しかし信海に諭《さと》され、寺侍《てらざむらい》という形で再び「成就院」に戻ることを許されました。そののちに起こったのが、先の月照、吉之助の薩摩逃避です。

勤王派を徹底的に弾圧していた幕府方は、月照と吉之助の逃亡を手助けしたとして、正慎を捕え、例によって六角獄舎に投獄します。

月照と吉之助の行方を必死になって捜しだそうとする幕府方は、正慎を厳しく取り調べます。なんとか白状させようとして、過酷な拷問を続けますが、正慎はかたく口を閉ざしたままです。

あまりにも厳しい拷問を受けたせいか、寝ているあいだも、うわごとをつぶやいていることに正慎は気づきました。そしてふと不安が胸をよぎります。このままだと、ひょっとして寝言で、ふたりの居場所を口走ってしまうのではないか。

そう思った正慎はすぐに行動に移します。看守の目を盗んで舌を噛み切ったのです。それでも死にきれなかった正慎は、重い体をひきずりながら柱の傍《そば》まで行くと、全力で頭を柱に打ち付け、頭蓋骨《ずがいこつ》を割って絶命したといいます。

なんとも壮絶な最期ですが、それほどに激しい拷問だったのでしょう。

正慎には、妻とふたりの子どもがいました。その残された家族のために「清水寺」は茶店を与え、今も「舌切茶屋」として続いているのです。

勤王の志士といえば、つい武士たちや派手な活躍をした人たちを思い浮かべますが、こうして陰で支えた人たちもいたのです。彼らの志が、茶店の屋号として、平成の今に至るまで連綿と続いていることを忘れてはいけませんね。

舞台を見ただけで「清水寺」をあとにするような、通り一遍の観光ではなく、歴史のひとこまを垣間見る、ていねいな京都旅にしたいものです。

お茶漬けでメるという〈フライ定食〉――「洋食の店みしな」

今、京都は時ならぬ洋食ブームだそうで、予約の取れない洋食屋さんが何軒もあるようです。なんでもかんでもブームにしてしまう昨今の食の流れは、あまり感心したものではありません。

ずっと昔から変わらぬ姿勢で、京都らしい洋食を出し続けているお店が、「清水寺」の近く、二年坂にあります。

仁王門から境内を出て、松原通を西へ、七味屋さんの角を北に折れ、三年坂を下ります。有名無名織り交ぜて、たくさんのお店が並んでいますが、最近では京都の有名店がこの通りに支店を出すことが流行しているようで、その傾向は京都の観光地全体に及び、陣取りゲームの様相を呈してきました。お菓子屋さん、あぶらとり紙屋さん、コーヒーショップなど、かつては本店だけだったのが、今やあっちにも、こっちにも、名の知れた観光地では必ず支店が目に入ります。

まるでハンバーガーショップや牛丼屋さんのようになってきましたが、そこまでして売り上げに執心しないといけないのでしょうか。全国チェーンはともかく、古くからの京都のお店はそんな姿勢ではなかったように思うのですが。

そんなお店がひしめく坂道の途中に、うっかりすると見逃してしまいそうな、細い路地があります。しっとりとした石畳の道端に「**洋食の店みしな**」と書かれた看板が出ています。これを目印にして路地に入ると、突き当たりの手前左側に暖《の》簾《れん》が上がっています。

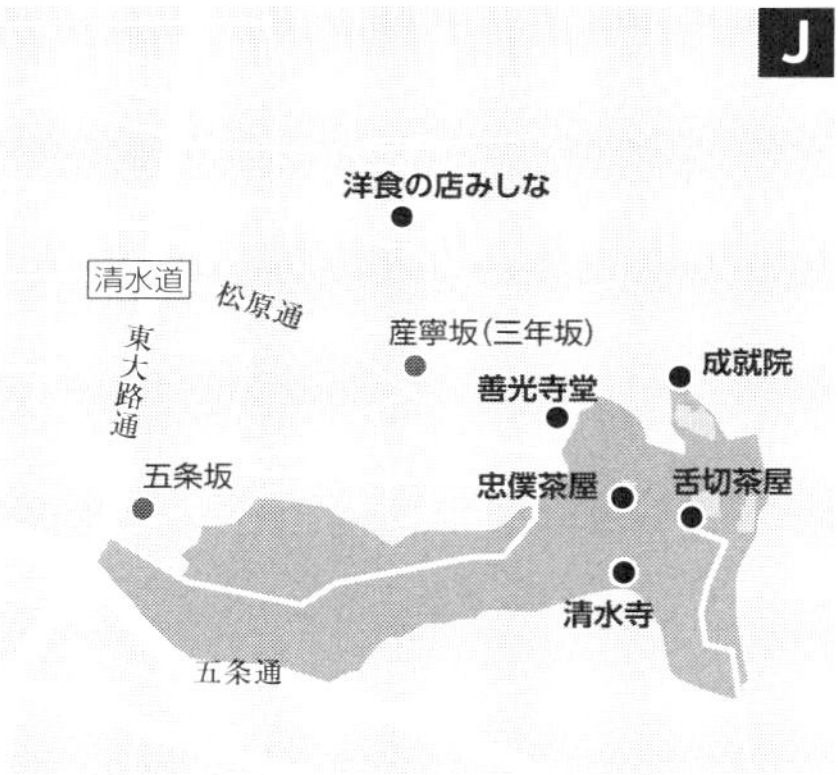

カウンターだけの小さなお店ですから、必ず予約しておきましょう。

古くは祇園富永町《ぎおんとみながちょう》で花街洋食の先駆けとして名を馳せた「つぼさか」。この「つぼさか」を引き継いでいるのが「洋食の店みしな」です。先代がこの地に店を移してから、もう三十年近くになるでしょうか。

一九九二年に僕が初めて出した本でも、この店のことを紹介していますから、少なくとも二十六年以上は経っているはずです。奥方と先代の跡を継いだご子息で切り盛りされている「洋食の店みしな」は、当時と変わらぬ誠実な商いと、ていねいな仕事ぶりで、安心しておすすめできるお店です。

街場の洋食屋さんに比べると、少しばかり贅沢ですが、そのぶん、上質な料理と、雅やかな空気を存分に味わうことができます。

ポタージュに続いて、カニクリームコロッケとエビフライを盛り合わせたメインディッシュが出てきて、最後はお茶漬けで〆るという〈フライ定食〉が一番のおすすめです。洋食の味わいはもちろんですが、軽やかなお茶漬けがこのお店の真骨頂です。これがほんまもんの京都の洋食です。

都の北西の侘びたせつなさ「光悦寺」「源光庵」「常照寺」——風光明媚な洛北鷹峯に眠る、悲恋の物語

Map K

〝比翼《ひよく》〟といえば、たいてい衣服の仕立てのことをいいますね。和服だと人形仕立てという言い方もしますが、つまりは襲《かさね》ものです。洋服では前袷《まえあわせ》を二重にする仕立て方でしょうか。トレンチコートなどでよく見かけるアレです。

二羽の鳥が翼を並べる姿を語源にしているのだと思いますが、冬の空を見上げていると、ときおりそんな姿を見かけます。陽が落ちる前に羽を休める場所を探しているのか。二羽がシンクロして飛ぶ姿に、なんだか胸がキュンとします。きっと番《つがい》なのだろうなと思いながら、飛び方が見事に揃っているのを見ていると、その息の合い方に感心します。我が身と重ね合わせるにつけ、反省しきりです。

それは横におくとして、この〝比翼〟という言葉に〝塚〟が付くと、その意味合いが一変するのです。衣服とはまったく無関係です。

比翼塚。愛し合ったまま死んだ男女を一緒に葬った塚を、比翼塚という。辞書にはそう書いてあります。言い得て妙ですね。うまく逃げている、とも言えます。

別れてしまったり、冷めてしまっていたりするなら別ですが、ふつうの夫婦なら愛し合ったままで亡くなりますよね。でも、夫婦で比翼塚を建てたなどという話は聞いたことがありません。同じお墓に入るのですから。

辞書の定義に抜けているところがあります。「正式に結ばれることなく」という前段階が必要なのではないでしょうか。ちゃんとした婚姻関係にないまま、かつ、最後まで愛し合ったまま亡くなった男女でないと、比翼塚を立てる資格はないのです。

では、どういうふたりなら、比翼塚を建ててもらえるのでしょう。

日本の話ではありませんが、真っ先に思い浮かぶのはロミオとジュリエットです。純愛を貫こうとしたのに、家どうしのいさかいで、それが叶わなかった。それも悲劇的な最期を遂げたのですから、比翼塚を建てる資格は十二分にありますね。

同じような悲恋であっても、倫に外れた恋だと難しいものがあります。誰かの不幸の上にある恋になると、たとえそれが純愛であったとしても、比翼塚にはふさわしくありません。

前置きが長くなりました。そんな比翼塚が、洛北の鷹峯《たかがみね》に立っています。

比翼塚は「常照寺《じょうしょうじ》」というお寺の境内に建っているのですが、せっかくの機会ですから、鷹峯のお寺をいくつか巡ってみましょう。春は桜、秋は紅葉と、風光明媚《めいび》なところですから。

洛北の美しき鷹峯を巡る、過去、現在、未来を表した庭――「光悦寺」

鷹峯は洛北にあるのですが、かなり西寄りです。位置的には「金閣寺」の北側です。鉄路はありませんから、アクセスはバスか車です。

京都市バスなら、京都駅から〈六号系統〉で鷹峯まで直行できますが、長時間の乗車は覚悟しなければなりません。

時間を優先するなら、京都駅から〈地下鉄烏丸線《からすません》〉で〈北大路駅《きたおおじえき》〉まで行って、〈北一号系統〉の市バスに乗り換えるのがいいでしょう。〈鷹峯源光庵《げんこうあん》前〉というバス停で降ります。最初に訪ねるのは「光悦寺《こうえつじ》」。本阿弥光悦《ほんあみこうえつ》ゆかりのお寺です。

通りを歩くと、右手に小学校が見えてきます。左手は住宅街で、ふつうの民家が建ち並ぶなかに、いきなり狭い参道が目に入ります。それも両側が緑に覆われていますので、うっかりすると見過ごしてしまいそうです。

まずは参道の入口に立つ駒札《こまふだ》を読んでみましょう。何度も書いていますが、この京都市が立てている駒札は、簡潔に書かれていながら、要点を押さえているので、その場所のことがよく理解できます。「光悦寺」の駒札は特に短い記述で、わずか十一行で解説しています。

それによると、はじまりは元和《げんな》元年。すなわち一六一五年に徳川家康からこの地を与えられた本阿弥光悦が仲間と移り住んで、芸術郷を築いたことからはじまったようです。

光悦は、刀剣鑑定から、陶芸、書、絵画、蒔絵《まきえ》などにも優れ、芸術指導者としても活躍したと書いてあります。そしてこの「光悦寺」ですが、光悦の死後にその位牌堂《いはいどう》を寺に改めたとあり、開山したのは「本法寺《ほんぽうじ》」の日慈上人《にちじしようにん》です。

ここで少し「本法寺」にも触れておきましょう。

「本法寺」は小川通《おがわどおり》の寺之内《てらのうち》を上がったところにあります。表、裏の両千家が建ち並ぶ傍《かたわ》らにあって、茶道とも深いつながりを持つお寺です。

安土桃山時代から江戸初期にかけて活躍した絵師、長谷川等伯《はせがわとうはく》ゆかりのお寺として知られていて、宝物館にもその作品が展示されています。

しかし、「本法寺」の名を世に広く知らしめているのは、なんといっても本阿弥光悦が作庭したと言われる〈三巴の庭《みつどもえ》〉の存在です。

小さな蓮池《はすいけ》があり、その奥には過去、現在、未来を象徴する石が積まれていることから

〈三巴〉と呼ばれています。

本堂に掲げられた〈本法寺〉の横書き扁額《へんがく》は、光悦の書です。その本堂の前に植えられている松は、光悦手植えの松として知られています。光悦だらけのお寺、なんていう言い方は無礼かもしれませんが、光悦ファンにとっては堪《こた》えられませんね。

ほかにも見どころがたくさんあるお寺ですが、ここでは光悦ゆかりの寺ということだけに留《とど》めて、「光悦寺」に戻りましょう。

石畳の細い参道が奥へ長く続きます。緑濃き新緑のころもいいですが、なんといってもここは紅葉です。

以前はそれほどでもなかったのですが、いろんなメディアがここの紅葉を紹介してきたせいもあって、紅葉シーズンともなると、大勢の観光客が押し寄せます。色付きはじめたころか、もしくは散り際《ぎわ》がおすすめです。どうしてもピーク時の紅葉を、となれば朝八時の開門前に行って、一番乗りを目指すのがいいでしょう。

紅葉のトンネルを思い浮かべながら参道を進みます。

茅葺《かやぶ》き屋根を持つ鐘楼《しょうろう》が、この地の侘びた風情をよく表しています。

西の嵯峨野《さがの》と並んで、北の鷹峯は雅《みやび》と鄙《ひな》の境目でもあり、混ざり合った空気を愉しむには最適の地です。平安京が置かれたころから、都が東に移るころまで、鷹峯は風雅な地として都人に愛され続けてきました。

そんな空気が、もちろん今も残っています。住宅街とは思えないほど閑静な佇まい、苔《こけ》むした庭や石垣、風に揺れる木々。芸術を究めるのに最適な環境だということがよく分かります。

そんな境内には七つもの茶室がありますが、そのうちのひとつが〈三巴亭《さんばてい》〉。先に書いた「本法寺」の庭と同じ意を持っています。過去、現在、未来が三巴となる。光悦の基本理念だったのでしょうね。

〈迷いの窓〉と〈悟りの窓〉からは何が見える？――「源光庵」

「光悦寺」の次にお参りしておきたいのは「源光庵《げんこうあん》」です。来た道を少し戻る恰好になります。左手に小学校を見ながらしばらく東に歩くと、「源光庵」へと続く参道と総門が見えてきます。

瀟洒《しょうしゃ》という言葉がぴったりのアプローチです。

前の通りがゆるやかな坂道になっているせいでしょうか。三段ほどの石段を上がります。

右には〈禅曹洞宗《ぜんそうとうしゅう》〉、左には〈源光庵〉と刻まれた石柱が立っています。

右側に立っている駒札の記述は「光悦寺」の二倍近く、二十一行にわたっています。貞和《じょうわ》二年（一三四六年）に創建されたとあり、そのあとは寺内の簡単な案内です。ガイドブックの記述とほぼ同じなのが、いくらか寂しい気もします。

両側に白壁の低い塀、参道の真ん中には敷石が施された石畳の道、奥には侘びた総門。歩くうち気持ちが引き締まってきます。

総門に掲げられた扁額には〈源光普照《ふしょう》〉と書かれていて、そこをくぐると、思いのほか広い境内に出ます。

順路に沿って歩くと、楓《かえで》の木がたくさん植えられていることに気づきます。ここも秋になればきっと見事な紅葉が見られることでしょう。

丸窓が左右にふたつ並ぶ楼門《ろうもん》にも扁額がかかっていて、ここには〈復古《ふっこ》禅林《ぜんりん》〉と書かれています。

楼門の奥には本堂があり、ここにはよく知られたふたつの窓が、庭に向かって開いていています。向かって右が四角、左が丸。それぞれ〈迷いの窓〉〈悟《さと》りの窓〉と呼ばれています。さすが禅寺。禅問答《ぜんもんどう》を仕掛けてきます。

なんとなく、ではありますが、丸が悟りだというのは分かる気がします。四角ばったものが迷い、というのも理解できます。

四角が迷い、というのは四苦八苦《しくはっく》にも通じるからだそうです。

生まれてから一生を終えるまで、避けて通れない四つの苦悩。生まれること、老いること、病むこと、そして死ぬこと。生老病死を、四角の窓が表しているといいます。

四角いほうは窓の形態をとっていますが、丸いほうは、窓というより、ただくりぬいた丸い穴のように見えます。障子《しょうじ》もガラスも何も入っていません。素通しです。それをして〈円通《えんつう》〉と呼ぶのだそうです。

宗教的な難しいことは横におくとして、ざっくり言えば〈円通〉は宇宙の無限の広がりをも表しているといいます。

狭い世界のことで悩んだり、迷ったりしているときに、広い宇宙のことを思えば悟りが開けるというふうなことでしょう。

そしてまた〈円通〉は観音さまのことでもあるそうで、そういえば洛北岩倉《らくほくいわくら》にある「圓《えん》通寺《つうじ》」は、聖観世音菩薩《せいかんぜおんぼさつ》さまをご本尊としていらっしゃいますね。

本堂にじっくり座りこんで、迷いと悟りの意をかみしめてみましょう。

世にも美しき遊女との生活を選んだ悲しき男

さて、いよいよ本命である「常照寺《じょうしょうじ》」へと向かいます。

バス停まで戻り、さらに東北方向へ道なりに歩くと、やがて左側に「常照寺」の駒札が見えてきます。

左側が石畳の参道、右側は駐車場になっていて、白い駒札の足元には小さな石碑が建っています。

屈《かが》みこんで読んでみると、「此処《ここ》には吉野太夫墓所と帯塚《おびづか》がある」。そう彫られています。

吉野太夫。よしのだゆうと読みます。「常照寺」の比翼塚に眠る、ひとつの〝翼〟がこの吉野太夫。嶋原の遊女がなぜここに眠っているのか。もうひとつの〝翼〟を持つのは誰なのか。順を追ってお話ししていきましょう。

〈太夫〉というのは遊女の最高位の人のことをいいます。〈吉野太夫〉というのは、京都の太夫に伝わる名跡《みょうせき》で、初代から十代まで数えたようですが、比翼塚に眠っているのは、二代目の吉野太夫です。

履歴書をひもといてみましょう。

慶長十一年三月三日生まれ。本名は松田徳子。思ったより、ふつうの名前という気がしますね。

彼女の実家は、京の大仏で知られた「方広寺《ほうこうじ》」のすぐ近くだったようです。

実父は、もとは西国《さいごく》の武士だったと伝わっていて、つまり〝二代目吉野太夫〟になる松田徳子さんは、武家の娘だったのです。

幼いころに禿《かむろ》（遊女が使う幼女のこと）として林という家に抱えられ、十四歳のときにはもう太夫になったといいますから、遊女としての天性が備わっていたのでしょう。

遊女というと、ふしだらな女性を想像しがちですが、当時の遊郭の遊女は教養も深く、位も高い女性が少なくなかったようです。さきほども触れましたが、そんな遊女や芸妓のなかでの最高位を〝太夫〟と呼びました。

たしかに立場としては、いわゆるカタギではなかったものの、当時の一般庶民よりもはるかに深い教養を身に付けていた太夫ですが、一般にはそんなことはなかなか理解されません。いくら中身は申し分ない女性であっても、一般家庭の結婚相手としては簡単に認められなかったのです。

容姿は端麗で、教養も身に付いている遊女がいれば、心を奪われる男性は当然います。

そして、遊女を一般女性にして、一緒になろうとします。

そこでクローズアップされるのが身請けという制度です。

遊女になる際に親元に支払われた代金に加えて、身代金のようなお金を立て替え払いする代わりに、約束の年季明けを待たずに遊女稼業をやめさせることを、身請けといいます。

吉野太夫に惚《ほ》れこんだ男性は多くいたようですが、なかで身請けしようとまで思ったのはふたりの男性でした。

ひとりは、関白《かんぱく》である近衛信尋《このえのぶひろ》。後陽成《ごようぜい》天皇の皇子という高貴な立場の男性です。もうひとりは、豪商として名高い灰屋紹益《はいやしょうえき》。このふたりが身請けを競いあったのですが、最後はやはり財力がものを言ったのか、灰屋紹益が吉野太夫を身請けすることになります。

灰屋紹益の本名は佐野重孝《さのしげたか》。本阿弥光悦と縁戚関係にあったようです。

灰屋というのは言わば屋号です。薬品などがないころ、染めものには灰を使っていたのですが、藍染《あいぞ》めに用いる灰を扱うために「灰屋」と号していました。代々の灰屋が築いてきた財産は巨万の富と言われるほどだったようです。

京の上層町衆を代表する豪商である灰屋。その跡取り息子・紹益は、商売よりも風流を愛する粋人でしたが、父・紹由《じょうゆう》は謹厳実直《きんげんじっちょく》で知られる人物でした。

——遊女におぼれ、莫大な金子《きんす》を払ってまで身請けし、一緒になろうなど愚《おろ》かも極まれり。灰屋家末代《まつだい》に至る恥である。即刻出て行きなさい——

父は紹益を勘当《かんどう》してしまいました。
もとより商売にはほとんど興味のなかった紹益は、勘当を受け入れ、躊躇《ちゅうちょ》なく吉野太夫と慎ましやかに暮らす道を選びました。

——ここでさへ　さぞな吉野は　花ざかり——

吉野太夫と一緒になれた喜びを、紹益はこんな句に詠みました。ここにも桜が咲いている、さぞかし（桜で有名な）奈良の吉野は花盛りだろう、という句ですが、〝ここで咲いている〟のは単なる桜でなく、目の前にいる吉野太夫のことで、彼女が花のように美しいことを、詠ったのだと思われます。

悲恋を弔う〈比翼塚〉

そんな日々が続き、吉野太夫も徳子に戻って、すっかり白粉《おしろい》の香りも消えてしまっていました。

ある日のこと。紹益の父・紹由は、仕事に出かけた先で、急な夕立に遭ってしまいます。傘を持たずに出てきたことを後悔しながら、とある民家の軒先で雨宿りをしていました。すぐにでもやむだろうと思っていた雨でしたが、一向にやむ気配を見せません。それどころか降りは激しくなるいっぽうです。

——えらい雨になりましたなぁ。よかったらお茶のいっぷくでもいかがどす——

引き戸を開けて顔をのぞかせた女性が誘います。

——ほんとうによろしいんですか？——

どうやら女性ひとりしかいないようです。年老いたとはいえ、そこに自分が入ってもいいものか。最初は遠慮していた紹由ですが、女性のやさしさに甘えて上がりこんでしまいます。

女性は茶菓子を出し、茶を淹《い》れて紹由にすすめます。その立ち居振る舞い、言葉遣いがあまりに見事なことに感心した紹由は、つい長居をしてしまいます。

——失礼ですが、どちらの家の方でしょうか。さきほどから拝見しておりまして、そのお話しぶりもお聞きするにつけ、よほどの名家のお生まれかと思いまして——

ひと口茶を啜《すす》って、紹由が女性に訊ねます。

——とんでもありません。名乗れるような家にも生まれておりませんし、このような家で慎ましく暮らしております——

茶を飲みながらそんな会話を交わすうち、いつの間にか雨が上がっていました。女性に見送られ、名残を惜しみながら立ち去る紹由は何度も礼を述べ、その家を記憶に留めます。

そのあと、知人に会う度にその話をしますが、とある知人がこう言いました。

——その家やったら、あんたが勘当した息子はんのお嫁さん、吉野太夫さんの家やがな——

紹由が飛びあがるほど驚いたのは言うまでもありません。
あわてて勘当を解きましたが、紹益は家に戻ることなく、徳子との暮らしを続けます。
しかし幸せはそう長くは続きません。美人薄命という言葉があるとおり、徳子は三十八歳という若さで病死してしまいます。
紹益の哀しみはいかばかりだったでしょう。

——都をば　花なき里になしにけり　吉野は死出《しで》の山にうつして——

徳子を荼毘《だび》に付《ふ》したあと、そう詠んだ紹益は、遺灰を壺のなかに残らず納めました。目の前から、花（吉野太夫）が消えてしまった哀しみを詠ったのでしょう。吉野の桜が、吉野の山からあの世の山へとうつってしまったのだと、桜と吉野太夫を結び付けて考えるといいと思います。

ここまではふつうの話ですが、そのあと紹益は、なんとその遺灰を毎日少しずつ杯に入れ、酒と一緒にすべて飲んでしまったというのです。

それほど深く愛し合った仲でしたが、ひとつのお墓にともに入ることは叶いませんでした。

幽霊子育飴《あめ》で有名な「立本寺《りゅうほんじ》」に灰屋の墓地があり、紹益はそこに眠っています。

いっぽうで吉野太夫は「常照寺」を開山した日乾《にちけん》に帰依《きえ》していたこともあり、自らの遺言によって「常照寺」に葬られました。

つまり別々の墓地に眠ることになってしまいました。それではあまりにも、ふたりが不憫《ふびん》だということで、戯曲を通じて縁のあった片岡仁左衛門《かたおかにざえもん》が、一九七一年に供養塔を建てたのです。

先に記した、紹益が詠んだ追悼歌を、仁左衛門が揮《き》ごう(毛筆で書くこと)し、石に刻まれています。

比翼塚。たとえ短いあいだであっても、番《つがい》として仲良く暮らしたふたり。ひとつのお墓で一緒に眠ることは叶わなくても、こうしてひとつの石に並んで羽を休めることができるのはしあわせなことだろうと思います。

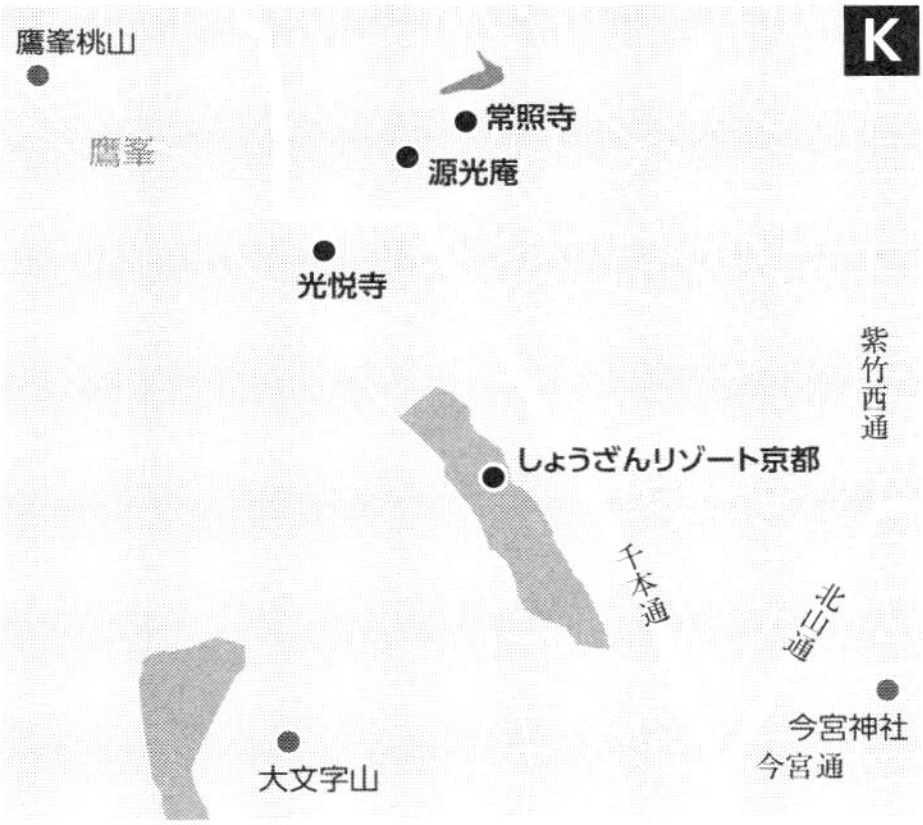

自然のなかで非日常の時間を——「しょうざんリゾート京都」

鷹峯界隈には、足を向けたくなるような飲食店はほとんどありません。

唯一おすすめできるのは、「**しょうざんリゾート京都**」のなかにある和食や中華のお店です。

かつてはバスが通る鷹峯街道からも入れたのですが、ホテルが邪魔をしていて、西側の通りからしか入れなくなり、少しばかり不便になりました。

その歴史は長く、「しょうざん」は開業七十周年を数えるようです。京都の街では、ほかに類似施設がないので喩《たと》え辛《づら》いのですが、小規模なアーバンリゾートと言えるかと思います。

僕の青春時代には、高級リゾートのプールやボウリング場で遊び、「わかどり」という鶏料理屋さんで食事をして帰る、というのが定番でした。

広大な庭園のなかには、今もボウリング場やプールがあり、ほかにもさまざまな施設があるので、立ち寄る価値は充分にあります。

初夏から初秋までは、渓流沿いに床店《ゆかみせ》も出て、和食を愉しむことができます。本格的な中国料理ながら手ごろな価格で味わえる「楼蘭《ろうらん》」や、先に書いた鶏料理の「わかどり」、料亭然とした和食店「紙屋川《かみやがわ》」など、昼夜ともバリエーション豊かな食事処があるので、鷹峯の行き帰りに立ち寄られることをおすすめします。

六の宮の姫君と弁天の同情
——洛南　京都駅

Map L

長く京都に住んでいますと、京都旅のあれこれを訊ねられることがよくあります。

最も多いのは、桜と紅葉《もみじ》でしょうか。

どの時期にどこの桜を見ればいいか。直前になってのお訊ねなら、答えられなくもないのですが、半年も前にお訊ねいただいても、答えに窮してしまいます。気象予報士でさえ言い当てることができないものを、いくら長く住んでいるとはいえ、僕のような素人が桜の開花時期など予想できるものではありません。

早咲きと遅咲きくらいならご教示できなくもありませんが、それとて年によって大きく異なることもあります。桜は人間に見せるために咲いているのではないのですから。

桜に比べると、紅葉は見ごろの期間が長いので、比較的お答えしやすいです。地球温暖化のせいなのでしょうか、年々葉が色付くのが遅くなっていますが、それでもおおよその見ごろは言い当てられますし、隠れ紅葉もお教えすることができます。とは言え、桜も紅葉も自然相手のことですから、外れたらどうしようと、いつも気をもんでいます。

最も気安くお答えできるのは、「今どこそこにいるんだけど、この辺りで見ておくべきところはありますか？」という問いかけです。これならほぼ即答できます。よほど辺鄙《へんぴ》な場所でない限りは、地図が頭のなかに入っていますから。

京都駅からすぐのおすすめスポット

最近よく訊ねられるのが京都駅です。

――今、ＪＲ京都駅にいるのですが、予約した新幹線の時刻まで一時間ほどあるんです。どこか時間を潰せるところってありませんかね――

そんなお問い合わせが、ＬＩＮＥに入ったりします。

京都駅近くの名所といえば、北の〝本願寺《ほんがんじ》〟、南の「**東寺**《とうじ》」。まずは、このふたつのお寺に行ったことがあるかを訊ねます。行ったことがないとおっしゃれば、話は早いです。世界遺産にも登録されているお寺の、どちらかをおすすめすればいいのですから。

東と西の本願寺。どちらも広大な境内を持つお寺ですが、世界遺産に登録されているのは「**西本願寺**《にしほんがんじ》」だけです。なぜなのか不思議に思われる方も少なくないでしょうが、訪ねてみると、なんとなく分かる気がします。国宝に指定されている〈唐門《からもん》〉をはじめとして、見どころの多さが「西本願寺」は際立っています。いっぽうで「**東本願寺**《ひがしほんがんじ》」のほうは、やや物足りなさを感じてしまいます。

あいにく〈唐門〉は修復中で、四年ほどかかるそうですから、当分あの絢爛《けんらん》たる姿は拝めませんが。

その代わり、というのもおかしな言い方かもしれませんが、「東本願寺」に、飛び地境内とされている見ごたえのある庭園があります。「渉成園《しょうせいえん》」です。

別名を〈枳殻邸《きこくてい》〉と呼ばれている「渉成園」は、烏丸通をはさんで、少し離れた東側にあり、ゆったりとした眺めを楽しめる日本庭園です。

庭園維持のための協力金として五百円納めると、立派なガイドブックをもらえますし、有料庭園としての価値は充分あると思います。

寛永《かんえい》十八年に徳川家光《とくがわいえみつ》から寄進を受けたという敷地は、一万坪にも及ぶそうです。作庭家としても名高い、石川丈山《いしかわじょうざん》の意見を取り入れたという庭は変化に富んでいて、見飽きることがありません。建設以来、二度も焼失したせいで、当時の建築は残っていないのが残念ではありますが、明治初期から末期のあいだに再建された建築もなかなか趣深いものがあります。変化に富んだ景観は〈十三景〉と称されているそうですが、よく工夫された庭園は是非見ておきたいものです。

場所柄、角度によっては京都タワーが顔をのぞかせるところもあって、ちょっと不思議な光景を見せてくれます。

京都駅をはさんで南側にある「東寺」は五重塔でもよく知られていますし、ここでは触れずにおきます。


「東寺」も、ふたつの本願寺も、どちらもすでにご覧になった方で、京都駅近辺の見どころをお訊ねとなれば、ここしかありません。「六孫王神社《ろくそんのうじんじゃ》」です。

京都駅からさほど離れておらず、決して不便な場所ではないのですが、京都人でもその名をご存じない方が少なくないのは不思議な気がします。

JR京都駅の八条口から線路沿い、八条通を西に向かいます。

堀川通を渡り、さらに西へ進みます。この間ずっと東海道新幹線の線路に沿っていますが、大宮通を越えると、少し線路から離れます。そのまま直進し、壬生通《みぶどおり》と交差する西北角にあるのが「六孫王神社」です。JR京都駅八条口から距離にして一キロ弱。ゆっくり歩いて十五分ほどでしょうか。散策にはちょうどいい距離ですね。それほど大きくない神社ですから、十五分ほどあれば、充分参拝できます。往復の三十分と合わせて一時間以内。列車の待ち時間が一時間ほどあれば、訪ねることができます。

グーグルマップなどの地図で見るとよく分かるのですが、東海道新幹線は、まるでこの神社をよけるようにして走っています。それはこの先、西のほうに御土居《おどい》の痕跡が残っているからでもあるのでしょう。

まだまだ多くの謎が残されていますが、豊臣秀吉《とよとみひでよし》が京都を囲むように土塁《どるい》を築いたものが御土居です。京都のあちこちに残っているのですが、七条通辺りから九条通までの南北線は、ほとんど土塁が残っていません。その痕跡が判別できる程度です。さすがの新幹線もこれには遠慮したのでしょうね。

「六孫王神社」は今でこそ、ひと目で見渡せるほど狭い境内ですが、かつては広大な敷地を誇っていたといいます。

この言い方では正確さを欠いています。広大な敷地だったのは、「六孫王神社」を鎮守《ちんじゅ》社《しゃ》としていた「**大通寺**《だいつうじ》」のほうです。

今は公開されていませんので、訪ねる人もほとんどありませんが、九条大宮《くじょうおおみや》を少し下がったところに「大通寺」というお寺があります。かつてこのお寺は、北は塩小路通《しおこうじどおり》、南は八条通、東は大宮通、西は朱雀大路《すざくおおじ》に至る、広々とした境内を持つお寺だったのです。

紆余曲折《うよきょくせつ》を経て「大通寺」は現在の場所に移転しましたが、鎮守社だった「六孫王神社」はそのまま残ったというわけです。

時代に振り回された哀しき姫君

「大通寺」と「六孫王神社」のあらましを少しだけお話ししておきましょう。

主人公となるのは源 経基《みなもとのつねもと》。異説もありますが、清和《せいわ》天皇の第六皇子である貞純親王《さだずみしんのう》の息子だと言われています。六男の六と、天皇の孫という意を重ねて、経基は〈六孫王《ろくそんおう》〉と呼ばれ、それがこの神社の名の由来となっています。その後の流れから、経基は清和源氏(清和天皇から出た源氏の氏族)の初代ということになっています。

時代を追って、「大通寺」と「六孫王神社」の歴史をたどってみましょう。

平安時代初めごろのことです。その経基は、八条壬生近辺に邸をかまえました。立派すぎるほどのお屋敷は西八条邸と呼ばれ、界隈でもひと際目立つ存在だったようです。

栄枯盛衰が激しい時代、平安時代末期ともなると、西八条の地は平家の所有となります。そして、平清盛《たいらのきよもり》は栄華を極めますが、それも長くは続きません。壇ノ浦《だんのうら》の戦いで敗れた平家の地は、平家没官領《へいけもつかんりょう》として源氏に奪い返され、再び源氏の所有となってしまいます。まるでオセロゲームのようですね。

そして建保《けんぽう》七年に、大きな事件が起こります。鎌倉幕府三代将軍の源 実朝《みなもとのさねとも》が暗殺されてしまうのです。なんと、源氏将軍はわずか三代で途絶えてしまったのです。

実朝のお台所（正室）だった坊門信子《ぼうもんのぶこ》は、出家して本覚尼《ほんがくに》を名乗り、都へ戻ってくると、源氏の持ち物になっていた西八条邸に住みこみ、西八条尼《にしはちじように》と呼ばれるようになります。

その本覚尼が貞応《じようおう》元年に、夫・源実朝の菩提《ぼだい》を弔うため西八条邸内に創建したのが「大通寺」。同時に廃絶していた「六孫王神社」も再建し、「大通寺」の鎮守社としました。

江戸時代の元禄《げんろく》のころともなると、清和源氏の末裔《まつえい》だと称する徳川家によって、立派な伽藍《がらん》が寄進され、たくさんの塔頭《たっちゅう》を擁する巨大な寺院となりました。

そして近代になって、また様相は一変します。明治時代になると、神仏分離令《しんぶつぶんりれい》によって「六孫王神社」は寺を離れます。そして廃仏毀釈《はいぶつきしやく》ということで「大通寺」に八寺あった塔頭は七寺が廃寺となります。

明治の終わりごろ、当時の国鉄が東海道線の線路を作るために、唯一の塔頭であった「東林院《とうりんいん》」に「大通寺」が吸収されるような形で、今の場所に移転したのです。

源氏と平家を行き来し、最後は国鉄が持つに至った所有権は、平成の今日になってようやく今の形で落ち着いたようですが、時代に翻弄されていたころのイメージを浮かべていただくと、これからのお話がよくお分かりいただけると思います。

「六孫王神社」は、古くは〈六ノ宮権現《ろくのみやごんげん》〉と呼ばれていたこともあったようです。『今昔物語』には〈六の宮〉という物語がおさめられていて、それをもとにして芥川龍之介《あくたがわりゅうのすけ》が書いた短編小説が『六の宮の姫君』です。

とても便利な、というか、ありがたい時代だなと思うのは、この短編小説は「青空文庫」ですぐに、しかも無料で読めるのです。短い小説ですから数分で読めてしまいますが、ざっとあらすじをご紹介しましょう。

現在の「六孫王神社」のある辺りが、六の宮と呼ばれていたころの話です。

夫婦ふたりと娘ひとり。三人の家族が住んでいました。どんな生業《なりわい》だったのかは分かりませんが、多くの使用人がいたとありますから、裕福な暮らしぶりだったことだけはたしかなようです。

姫は何不自由なくしあわせに暮らしていましたが、年ごろを迎えると両親が相次いで亡くなってしまいます。ずっとお嬢さま育ちだったので、残された姫はなす術《すべ》もなく、家財道具を次々と売り払って、日々の生計を立てるしかありません。給金が払えるはずもありませんから、使用人たちも次々と辞めていき、乳母《うば》だけが残るようなありさまです。

見るに見かねて、乳母は姫に結婚をすすめます。結婚といっても正式なものではなく通い婚ですから、今でいう援助交際に近いようなものでしかありません。しぶしぶながら姫は結婚します。

しかし姫の相手となった男性は、とても佳《よ》い人だったようで、姫にとっては好都合だったのですが、相手を男として見たときには、恋する存在には遠く至らなかったのです。

それでも、それなりにしあわせな暮らしを続けていた姫ですが、あるとき突然男から別れを告げられてしまいます。

陸奥守《むつのかみ》に任じられた父とともに、男は常陸国《ひたちのくに》へ五年間赴任することになったのです。すでに男が空気のような存在になっていた姫にとって、突然の別離は死に値するほどの衝撃でした。

姫は再び苦しい生活を強いられることになり、乳母に愚痴るしかない日々が続きました。

そんな別れから九年後のことです。常陸国で新しい妻をめとった男は京へ戻ってきます。時が経つにつれ、姫が恋しくなってきたのでしょう。毎日洛中を捜し回りますが、そう簡単には見つかりません。

あきらめかけていた男の目に、尼僧が病人らしき女性を介抱している姿が映りました。

朱雀門《すざくもん》の前の曲殿の傍らで、尼僧の胸に抱かれているのは間違いなくあの姫だ。そう確信した男は必死で呼びかけます。

その声に姫はかろうじて薄目を開けますが、また力なく目を閉じてしまいます。

乳母は、たまたま居合わせた乞食法師《こじきほうし》に、臨終を迎えるだろう姫のためにお経を読んでほしいと頼みました。ですが、その法師は、

――阿弥陀仏《あみだぶつ》の名を唱えなさい。往生《おうじょう》は自力でするものです――

そう姫に言いますが、それすらできないまま、姫はとうとう息絶えてしまいました。

その後、朱雀門の辺りで、女のすすり泣きが聞こえるという噂が立ち、それをたしかめようと、ひとりの武士がやってきます。

たしかにそれらしき声が聞こえ、何やらあやしい人影が見えます。武士が刀を抜いて斬りかかろうとすると、あのときの乞食法師がそれを止めます。

――極楽《ごくらく》も地獄《じごく》も知らず、自力で生きようとせなんだ、不甲斐ない女の魂です。御仏を

念じてやりなさい――

そう言って法師は去っていきました。

と、こんなお話です。

ちょっと不思議な小説ですね。

たしかに、恵まれた環境に甘えるばかりで、自分では何もしようとしなかった姫ですが、だからといって、不甲斐ない女として片づけてしまうのも、いささか気の毒なような気がします。

今の時代にも、こういう若い人は少なくないように思います。僕には、パラサイトという言葉で言い表される人たちと、この姫とが重なって見えます。親のすねをかじるだけかじって、亡くなったあとは遺産で食いつなぐ。それを戒《いまし》めるような物語のようにも思えますが、あながちそうとも言いきれないような気もします。

ひょっとすると、紅白に分かれて戦い続けてきた源氏と平家に対する疑問を投げかけているのかもしれません。争いの陰には、絶えず翻弄される弱者がいる。芥川はそう言いたかったのかもしれません。

弁天の哀しみ

もうひとつ。この「六孫王神社」ゆかりの物語を書いたのは小泉八雲《こいずみやくも》です。『弁天の同情』という短い小説も、また不思議な読後感をもたらす話です。

話は「大通寺」の〈弁天堂《べんてんどう》〉からはじまります。

花垣梅秀《はながきばいしゆう》という若い詩人がやってきて、一枚の色紙を拾いました。たおやかな女文字の見事な手蹟《しゆせき》に梅秀は見惚《みと》れてしまいます。

――しるしあれと　いわいぞそむる　たまほうき　とるてばかりの　ちぎれなれども――

藤原俊成《ふじわらのとしなり》の歌だそうですが、特に恋を歌ったものではないようです。

梅秀は、その字を書いた乙女に恋焦《こいこ》がれます。そして七日七夜、〈弁天堂〉に通いつめます。

満願となる七日目には、夜通し〈弁天堂〉に閉じこもりました。

その甲斐あってか、願いは通じたようです。老人と稚児が現れ、乙女を呼び寄せたのです。そしてこう言いました。

――あなたの妻になるために、ここにやってまいりました――

梅秀の喜びはひとしおでした。
ふたりは仲良く暮らしはじめます。秋に出会い、あっという間に冬になりました。そんなある日のこと。梅秀が京の町はずれを歩いていると、突然、屋敷のなかに招き入れられます。そして屋敷の主は、丁重な言葉で、娘を嫁にするように懇願します。あまりにもくどいので、仕方なくその娘に会ってみると、なんと妻と瓜二つ《うりふた》でした。〈弁天堂〉で出会った乙女は、実はこの娘の霊魂だったのです。当然のことながら、梅秀は娘と結婚し直しました。めでたしめでたし。なのでしょうね。……そこは怪談のことですから、よく分かりません。
『六の宮の姫君』も、この『弁天の同情』も、すとんと腑《ふ》に落ちる話ではありません。もやもやする読後感です。なんといいますか、すっきりしないのです。

「六孫王神社」へお参りしたときの気分とよく似ているのが不思議です。

駅の近くの穴場「六孫王神社」

あらためてお参りすることにしましょう。

東海道線の線路をはさんで、ちょうど反対側、北側には梅小路公園《うめこうじこうえん》があります。水族館が大人気ですね。いつも大勢のお客さんで賑《にぎ》わっていますが、それとは対照的に「六孫王神社」はいつもひっそりとしています。多少の賑わいを見せるのは桜のころです。

四月になると、一重、八重、白、紅色など、多様な桜が咲き競います。

ソメイヨシノだけでなく、〈神龍池《しんりゅういけ》〉を囲むように咲く紅枝垂《べにしだ》れ桜《ざくら》もなかなか見ごたえがあります。

〈神龍池〉にかかる太鼓橋の畔《ほとり》には、鬱金桜《うこんざくら》が黄緑色の八重の花をつけます。御衣黄桜《ぎょいこうざくら》といった珍しい品種もあり、ちょっとした桜の穴場ですが、年々花見客が増えてきました。

ふだんはひっそりとした神社。さほど広くない境内に入って、まず目に入るのが〈神龍池〉です。

自分の死んだあとは、霊を龍神に代えてこの池に住まい、子孫繁栄を祈り続けるように。経基はそんな遺言を残したそうです。その池というのが、境内の真ん中にある〈神龍池〉なのです。

きっとこの池も、昔はもっと大きかったのでしょうね。その畔には〈誕生水弁財天社《たんじょうすいべんざいてんしゃ》〉があります。半地下のようになった、ちょっと不思議な造りです。

源経基の息子・満仲《みつなか》が生まれるときに、安産祈願のため、はるばる琵琶湖の竹生島《ちくぶしま》から弁財天さまを勧請《かんじょう》し（神仏の来迎を願い）、その水を産湯《うぶゆ》としたことから祀られるようになったといいます。

この神社の絵馬には兜《かぶと》が描かれていて、端午《たんご》の節句の贈り物としても人気があるようです。経基は清和源氏《せいわげんじ》（清和天皇から出た源氏の氏族）の初代でもありますから、武運長久にもご利益があるでしょう。

絶えず新幹線が走る高架のすぐ近くに、こんな神社があるのですが、ご存じない方は京都にも多くいらっしゃいます。是非一度足を運んでみてください。不思議な空気に包まれて、石の鳥居をあとにされるだろうと思います。

通いつめたくなる大衆食堂──「殿田」

京都駅界隈で軽い食事となれば、この店をおいてほかにありません。東寺道《とうじみち》に暖簾をあげる「殿田《とのだ》」です。

偶然前を通りかかって、入ってみたら、好みにぴったりの中華そばが出てきて、それ以来通いつめるようになりました。今から八年ほども前のことです。

当時はまばらだったお客さんも、今は連日満員御礼。昼どきなどは行列ができるほどの人気店になりました。もう紹介しないほうがいいかな、と思わなくもないのですが、本当に美味しい京都のうどんを知ってほしくて、ついつい、こうして書いてしまうのです。

壁に短冊《たんざく》メニューがずらりと並んでいますから、うどんでも丼でもお好きなものを召しあがってください。何を食べても間違いなく美味しいのですが、僕のローテーションは、中華そば、鍋焼きうどん、たぬきうどん、天とじ丼、カレーうどんの五品です。この五つのなかから、その日の気分で選ぶのですが、ときにはそれを変化球にしてもらいます。たとえば、中華麺でたぬき。京都では中華麺を、その色から〝きーそば〟といいます。この場合は、きーそばたぬきです。これを頼めばあなたも立派な「殿田」通です。

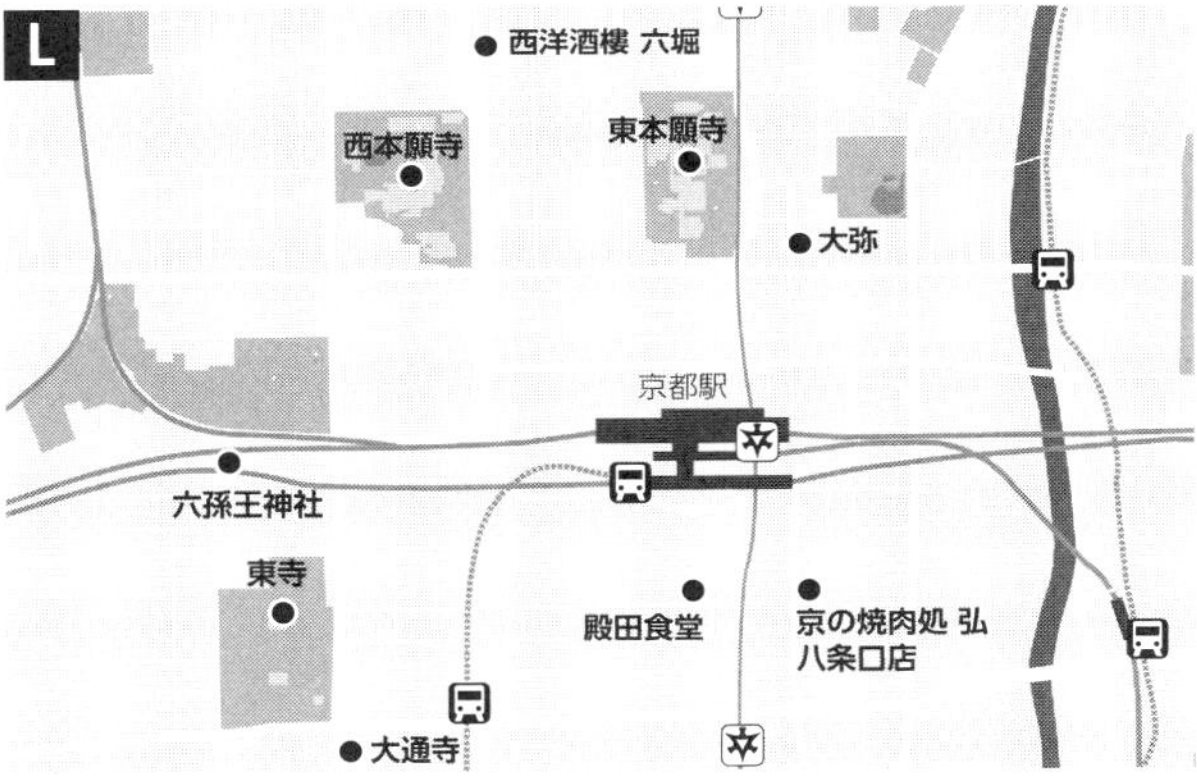

京都でひとり焼肉ができる店
——「京の焼肉処 弘 八条口店」

京都駅近辺で晩ご飯を、となったときに、是非覚えておいてほしいのが「**京の焼肉《やきにく》処 弘《ひろ》 八条口店**」。烏丸通をはさんで、「殿田」と同じ東寺《とうじ》道《みち》にあります。

京都で焼肉？ そういぶかる方もたくさんいらっしゃるかと思いますが、今や焼肉は京都名物といってもいいほどの存在です。

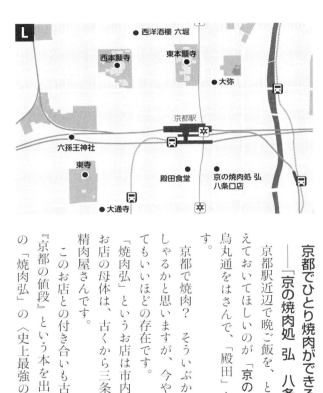

「焼肉弘」というお店は市内に何軒もありますが、お店の母体は、古くから三条会商店街に店を構える精肉屋さんです。

このお店との付き合いも古いです。二〇〇三年に『京都の値段』という本を出版し、そのなかで、この「焼肉弘」の〈史上最強のロース〉を紹介してからですから、十五年になります。こちらのお店も、お客さんの数もお店の数も増え、年々栄えていく様子を見るのは嬉しい限りです。

ここのお店で嬉しいのは、ひとり焼肉もできることです。壁に向き合う形のカップルシートがあり、空きがあればその変則カウンター席で、ゆっくりとひとり焼肉を堪能できます。京都でひとり焼肉。ちょっと粋だと思うのですが。

第二章　せつない京都百景

京都市内広域図

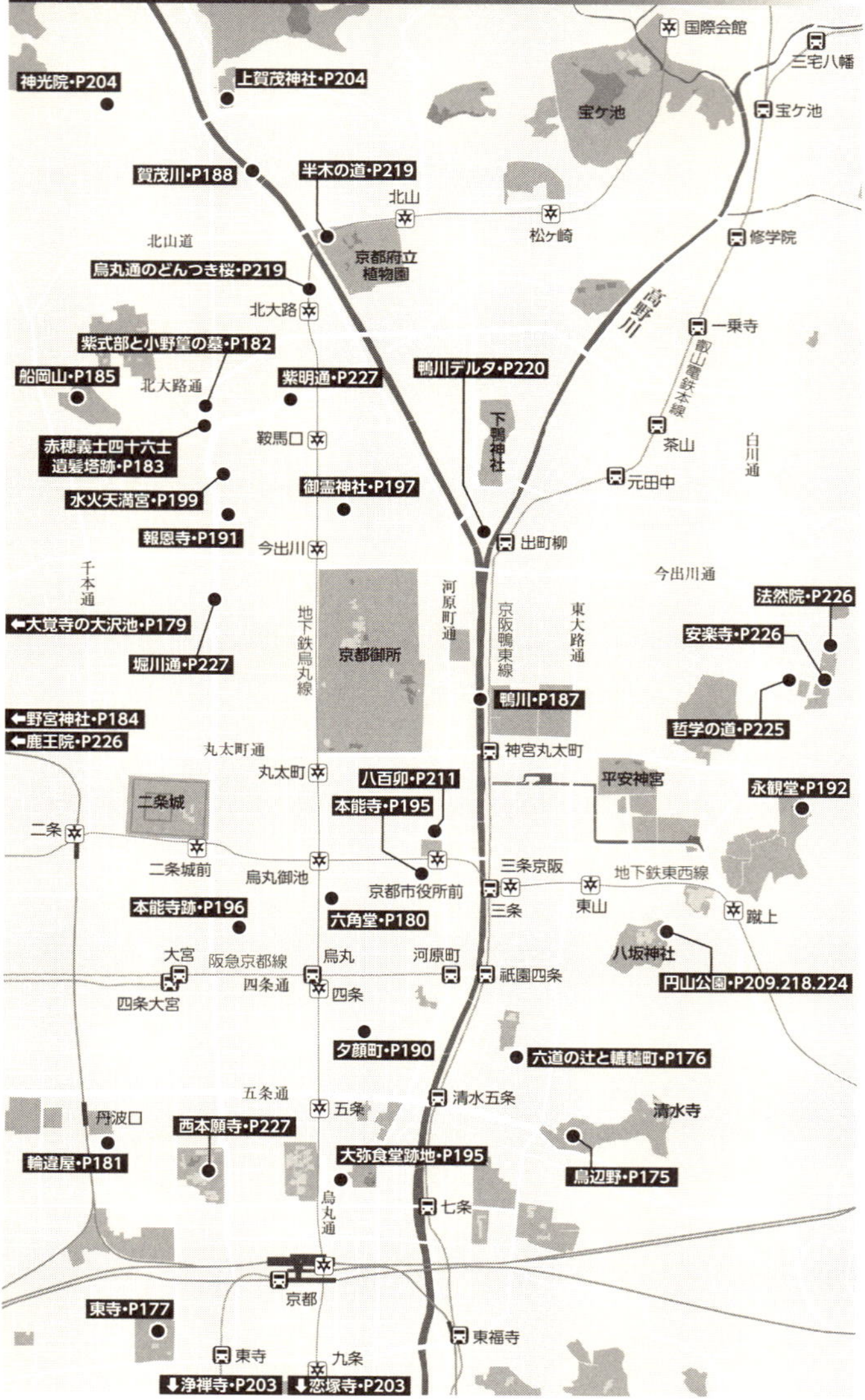

国際会館
三宅八幡
神光院・P204
上賀茂神社・P204
宝ケ池
宝ケ池
賀茂川・P188
半木の道・P219
北山
松ケ崎
北山通
修学院
京都府立
植物園
烏丸通のどんつき桜・P219
北大路
高野川
一乗寺
紫式部と小野篁の墓・P182
船岡山・P185
北大路通
紫明通・P227
鴨川デルタ・P220
叡山電鉄本線
下鴨神社
茶山
赤穂義士四十六士
遺髪塔跡・P183
鞍馬口
白川通
元田中
水火天満宮・P199
御霊神社・P197
報恩寺・P191
今出川
出町柳
千本通
今出川通
法然院・P226
河原町通
京阪鴨東線
東大路通
←大覚寺の大沢池・P179
安楽寺・P226
地下鉄烏丸線
京都御所
堀川通・P227
鴨川・P187
哲学の道・P225
←野宮神社・P184
←鹿王院・P226
丸太町通
神宮丸太町
丸太町
八百卯・P211
平安神宮
二条城
本能寺・P195
永観堂・P192
二条
二条城前
烏丸御池
三条京阪
地下鉄東西線
京都市役所前
三条
東山
本能寺跡・P196
六角堂・P180
蹴上
八坂神社
大宮
阪急京都線
烏丸
河原町
祇園四条
円山公園・P209.218.224
四条大宮
四条通
四条
夕顔町・P190
六道の辻と轆轤町・P176
五条通
清水五条
清水寺
五条
丹波口
西本願寺・P227
輪違屋・P181
大弥食堂跡地・P195
鳥辺野・P175
烏丸通
七条
京都
東寺・P177
東福寺
東寺
九条
⬇浄禅寺・P203
⬇恋塚寺・P203

せつない眺め

絶景ブームはまだまだ続いているようです。あるいはインスタ映えする景色というのも人気だそうです。

視覚的な美しさにはふたつありますね。ひとつは自然の造形美。もうひとつは人の手によって作り上げられた、いわば人工美。どちらも京都にはたくさんあります。さらに言えば、それらが混ざりあった美しさも、京都ではしばしば見られる光景です。自然を借景にした日本庭園。石に意味を持たせた石庭。朝焼けに照らされた五重塔。夕闇に沈む石塀。川沿いの納涼床などなど……。

人は美しいものを見ると、気持ちがやさしくなります。自分も美しく生きなきゃいけないと思うからでしょうか。

美しさがもたらす感情は他にもいろいろありますが、普段歩いていて美しい景色に出会うと、不意にせつなさが湧き上がることがないでしょうか。

それが京都であれば、そこに歴史的背景があるがゆえにせつなくなることもあるでしょう。しかし、なんの理由もなく、ただただせつなくなって、胸がしめつけられるような気持ちになることもあるはずです。

この章では、そんな〝せつない眺め〟を、思いつくままにご紹介します。

京都に生まれ育ってもう六十六年以上になります。旅に出ることも少なくはありませんが、それでも京都で過ごす時間が圧倒的に多く、そして、歩くことが大好きなので京都のなかを隈《くま》なく歩いてきました。

いつも歩いている道なのに、あ。小さく声をあげて、ふと立ち止まってしまうことがあります。それはたいてい、思いもかけない美しい眺めに出会ったときです。山だったり、川だったり、草花だったり、建物だったり、ときには空だったりもします。見慣れたはずの景色が、突然美しく輝いて見えることだってあります。

いつもと違う黄昏時《たそがれどき》だからかもしれません。その日の陽ざしが、いつもより柔らかいからかもしれません。その日の風が、懐かしい匂いを運んできたからかもしれません。そのとき胸に抱いている思いが溢れそうだからかもしれません。ある出来事を、ふと思い出したときだからかもしれません。

一期一会《いちごいちえ》という言葉のように、その瞬間だけのものかもしれませんが、ひょっとすると、また同じ光景に出会えることもあるかもしれない。僕がせつなさを感じたスポットが、あなたの心も同じように掻き立てることがあればいいなと思います。
あなたが、あなたなりの「特別な瞬間」を楽しめますように。

京の三大葬送地――鳥辺野

雅《みやび》な印象が強い京の都ですが、千二百年を超える長い歴史のなかでは、多くの骸《むくろ》が土と化してきました。

住まう人、行き来する人がたくさんいる都ですから、当然のことながら葬送の地もあちこちに必要となります。

洛北の〈蓮台野《れんだいの》〉、洛西の〈化野《あだしの》〉、そして洛東の〈鳥辺野《とりべの》〉は、平安時代以前から、京の三大葬送地として知られてきました。

そのなかで、往時の空気を色濃く残しているのが、**鳥辺山《とりべやま》**の麓《ふもと》に広がる鳥辺野です。

「清水寺」の南西から、「西本願寺」の大谷本廟《おおたにほんびょう》辺り、その東側一帯、山腹に広大な墓地が続き、その広さは四万平米にまで及んだといいます。

京の街を一望のもとに見下ろす鳥辺野には、多くの悲哀が土に埋まっています。

新歌舞伎の〈鳥辺山心中〉もそのひとつです。遊女お染《そめ》と旗本半九郎《はたもとはんくろう》の物語。竹馬《ちくば》の友の弟を、四条河原で斬り殺した半九郎は、お染と心中を決意し、揃《そろ》いの晴れ着を死に装束とします。ふたりが向かったのは、この鳥辺山でした。

そんな話を思い出して、この景色をご覧になっていただけたらと思います。

不思議で、ちょっと怖い地名――〈六道の辻〉と轆轤町

その鳥辺山へと続くのが松原通《まつばらどおり》です。松原通は、かつて五条通と呼ばれていましたが、豊臣秀吉によって、五条通は南に移されました。それまでは、松原通がメインストリートだったのです。

洛中からの葬列は、松原橋を渡って、鴨川《かもがわ》を越えていきます。そして「**西福寺**《さいふくじ》」の門前から「**六道珍皇寺**《ろくどうちんのうじ》」の門前辺りが〈**六道の辻**《ろくどうのつじ》〉とされています。

六道とは、天道《てんどう》から地獄道《じごくどう》まで六つの冥界《めいかい》を指す仏教用語です。死後は誰もがこの六つの迷いの道のどこかに行かねばならないのだそうです。つまりこの辺りは、あの世とこの世の境目ということになります。

大火や戦乱が起こると一気に死者が増えます。そうなると絶え間なく葬列が続くことになり、今でいう交通渋滞のようになってしまいます。そこで人々は、鳥辺野までたどるこ

とをあきらめ、野辺の送りの行列をここで解散してしまいます。

鳥辺野はその名が示すように鳥葬《ちょうそう》ですが、〈六道の辻〉辺りだと風葬《ふうそう》か土葬《どそう》になってしまいます。そこいらじゅうに骸が散らばったり、埋められたりしていました。それゆえこの界隈《かいわい》は髑髏町《どくろちょう》と名付けられていました。

近代になって、それでは人が住みつかないだろうということで、轆轤町《ろくろちょう》と変えたと伝わっています。似たような字ですから混乱も少なかったことでしょう。また近くに京焼の窯《かま》元《もと》がありましたから、轆轤という町名に納得できますね。

ここでは、地名と眺めを、セットで楽しんでください。

朝から晩まで美しい五重塔は、どこから見るのが正解？——「東寺」の五重塔

京都を舞台にしたドラマの冒頭で、必ずといっていいほど使われるのが、新幹線をバックにそびえ立つ「東寺」の五重塔です。京都市では高さ制限を設けていますから、京都の南のほうだと、その姿を見ることができます。

細い道に迷い込んで、ふと真正面にこの五重塔が見えるとホッとします。大丈夫。迷っていないんだ、と。今では京都タワーに取って代わられましたが、それでも京都人にとっ

ては、心の拠《よ》りどころといってもいい眺めです。

屹立《きつりつ》する塔を見上げると、誇らしくもあり、懐かしくもあります。

朝から晩まで、ずっとこの五重塔を眺めていたい。ときどきそう思うことがあります。

そんなときは京都駅近くのホテルに泊まります。

「ダイワロイネットホテル京都八条口」。このホテルの西側、つまり烏丸通側に面した部屋の上層階なら、その願いが叶《かな》います。東山から昇る朝陽に照らされる瞬間から、西山の夕陽を背景にするまで。さらに、ライトアップされて闇夜に浮かぶ姿まで、日がな一日飽きることなく眺めていると、その長い歴史が見え隠れするような気がします。

その水面に、歴史を映し続けてきた池――「大覚寺」の〈大沢池〉

――蓮枯《はすか》れて　夕栄《ゆうばえ》うつる　湖水《こすい》かな――

枯蓮《かれはす》は三冬《さんとう》（初冬・仲冬・晩冬、つまり冬季の三か月）の季語です。蓮の骨という言葉があるほどに、夏に見事な花を咲かせる蓮が朽ちる姿は、なんとも寒々しいものです。

正岡子規《まさおかしき》が詠《よ》んだのは、どこの湖かは分かりませんが、中国の洞庭湖《どうていこ》を模して築造されたという、**「嵯峨大覚寺《さがだいかくじ》」の〈大沢池《おおさわいけ》〉**も、人口の庭池ですが、庭湖《ていこ》と呼ばれているようです。

嵯峨野の北東に位置する「大覚寺」は、嵯峨天皇の離宮《りきゆう》だったところに、弘法大師空海《こうぼうだいしくうかい》が、五大明王《ごだいみようおう》を安置する堂を建立したことを起源とするお寺です。

離宮を寺に改めてからのち、鎌倉時代に入ると、亀山法皇《かめやまほうおう》や後宇多法皇《ごうだほうおう》らが寺に入ります。そしてそこで院政を行ったことから、嵯峨御所とも呼ばれるようになりました。

平安時代の初めに在位した嵯峨天皇のころから、平成の今に至るまで、池の水面《みなも》はさまざまな姿を映してきたに違いありません。蓮と同じように、咲いては枯れることを繰り返すのですね。是非、そんな思いで、ここで水面に映る景色をご覧になってはいかがでしょうか。

平安遷都のときは、ひとりでに動いた!?——「六角堂」の〈へそ石〉

何かにつけ、ものの中心を〈へそ〉と言い表すのは日本人の習いですね。ここが日本のへそ、だとか、本州のへそはこの辺りなどといいます。

ここが京都の中心だ、と聖徳太子が本当に仰《おつしや》ったのかどうかはさておき、「**六角堂**《ろつかくどう》」は平安京が定められるより百年以上も前に、聖徳太子によって建立されたお寺と伝わっています。

如意輪観音《によいりんかんのん》を安置したお寺の正式名称は「紫雲山頂法寺《しうんざんちょうほうじ》」です。毎朝、紫の雲がたなびく霊木を使ってお堂を建てたことに由来するそうです。

京都人は親しみを込めて〈六角さん〉と呼びますが、このお寺のシンボルとも言えるのが〈へそ石《いし》〉です。六角形の真ん中に穴が開いているのを見ると、たしかにおへそに見えてくるから不思議です。平安遷都《せんと》のときは、道の真ん中に建っていた「六角堂」が、ひとりでに動いたと伝わっています。そして元のお堂の名残がこの石、〈へそ石〉なんです。

なんと健気な石なのでしょう。

あなたは〈へそ石〉を見て、どんな気分になるでしょうか。

花街に流れる「音」——もうひとつの花街嶋原にある「輪違屋」

京都には五つの花街があります。上七軒《かみしちけん》、先斗町《ぽんとちょう》、祇園甲部《ぎおんこうぶ》、祇園東《ぎおんひがし》、そして宮川町《みやがわちょう》。指折り数えて、いくらかでも京都に詳しい方なら、ふと首を傾げることでしょう。

吉野太夫の名で知られる嶋原《しまばら》が入っていないからです。これには少し理由があって、京都の五つの花街は組合を組織しているのですが、嶋原はここから脱退してしまったのです。ほかの業界と同じく、組合に属していないと、ものの数に入れてもらえないのです。

しかしながら、京都の花街で最も妖艶な空気を漂わせているのは、今も嶋原だと僕は思っています。なかでも唯一の現役お茶屋である「**輪違屋**《わちがいや》」は、安政《あんせい》四年に創建され、京都市の登録文化財に指定されているだけあって、威風堂々たる建物です。

京都市中央卸売市場から程近い嶋原では、祇園町や宮川町のように、芸妓《げいぎ》舞妓《まいこ》が艶《あで》やかに歩く姿など滅多に見かけませんが、嶋原大門が象徴するように、花街本来の姿を今に留《とど》める貴重な界隈です。柳の木の下に佇《たたず》んで、そっと目を閉じてください。

どこからともなく、おしろいの香りが漂ってきて、三味線の音色が聞こえてくるような気がしませんか。

与謝蕪村《よさぶそん》が俳句をひねり、名妓《めいぎ》吉野太夫を出した嶋原。しとしとと雨が降る日には、是非とも六つ目の花街に足を向けてみてください。昔の花街をうかがい知ることができます。

なぜか並んでいるふたり――紫式部と小野篁の墓

神社仏閣から町家、路地探索から隠れ名所へと、京都旅は年々ディープになり、それに呼応するかのように、マニアックな京都本が出版されるようになりました。

観光客とは無縁と思えるような、街の小さな書店にも、必ずといっていいほど、京都本コーナーがあります。地元京都人が興味深げに立ち読みしている姿もよく見かけます。京都本を一番愛しているのは京都人なのかもしれません。

最近見かけて驚いたのは、京都墓巡りというテーマの本でした。墓巡り京都観光。なかなかシュールですね。

もしも僕にこんなテーマで依頼が来れば、何をおいてもまずは**紫式部《むらさきしきぶ》の墓**をおすすめしますね。

ふつうこうした有名人のお墓というのは、故人の菩提寺《ぼだいじ》（先祖代々のお墓がある寺）や、ゆかりのお寺の墓地に建っているものですが、紫式部のお墓は、広い通りの路地奥にあるのです。それも、知る人ぞ知る有名な故人とお墓を並べているのです。

北大路《きたおおじ》堀川《ほりかわ》下る。なぜこんな場所に、と誰もがいぶかる場所ですが、かつてこの辺りは蓮台野と呼ばれる貴族の墓地だったからかもしれません。もしくは「雲林院《うんりんいん》」というお寺があった場所ですから、生誕の地に埋葬された可能性もありますね。

もっと不思議なのは、すぐ隣のお墓です。地獄とこの世を行き来したという**小野篁《おののたかむら》のお墓**が並んでいるのです。時代も違いますから、ふたりに交流があったとは思えません。どういう経緯でふたりのお墓がこの地に並ぶようになったのか、いくら思いを馳《は》せてもまったく思い当たりません。

義士たちの魂がここに眠る――赤穂義士四十六士遺髪塔跡

紫式部と小野篁の墓地から堀川通を少し南に下がり、紫明通《しめいどおり》の交差点からさらに南へ歩いた辺り、西側の歩道沿いに、新しい石碑が建っています。それが**赤穂義士四十六士遺髪塔跡《あこうぎししじゅうろくしいはつとうあと》**です。


こちらのほうは、なぜこの地なのか、にはちゃんと理由があります。

かつてこの地には、赤穂浪士《あこうろうし》たちが仕えた浅野家ゆかりの「**瑞光院《ずいこういん》**」というお寺があったからなのです。

忠臣蔵でお馴染《なじ》みの、あの吉良邸《きらてい》討ち入りから三か月近く経《た》ったころ、浪士たちが蟄居《ちっきょ》させられている大名家に、「瑞光院」の僧が訪れます。それは、やがて処罰を受けるだろう浪士たちの毛髪をもらい受けるためだったのです。

「瑞光院」は、大石内蔵助《おおいしくらのすけ》の遺志を受け、境内に遺髪塚《いはつづか》を建立したのです。

慶長十八年に創建された当時の「瑞光院」は二千坪を超えるほど広い境内を誇っていたといいます。今から半世紀ほど前に、隣接する工場に土地を譲り、山科区に移転しました。

瑞光院前町《まえちょう》の地名が残るこの地に建った石碑は忠臣蔵ファンにも人気のスポットとなっています。

忠義を尽くして命を落とした義士たちの魂が籠もった石碑。せつなさが募ります。

鳥居といえば、ふつうは朱塗りだけど――「野宮神社」の黒木の鳥居

神社の鳥居といえば朱塗りか、もしくは石でできている。そう思い込んでいると、嵯峨野「野宮神社《ののみやじんじゃ》」の黒木の鳥居は、不思議な光景として、目に焼き付きます。

ですが、大昔の鳥居はみんなこんなふうだったようです。日本最古の鳥居様式と言われ、古くは鳥居といえば、樹皮を残したままの黒木が通例だったのです。

さて、この「野宮神社」。天皇の代理で伊勢神宮に仕えるため、斎王《さいおう》が都を離れる際に身を清めたところだというのですから、由緒正しき神社です。

しかしこの神社といえば『源氏物語《げんじものがたり》』です。賢木《さかき》の巻に登場しますが、六条御息所《ろくじょうのみやすどころ》と光源氏《ひかるげんじ》の別れの舞台ともなった神社なんです。

この悲話は〈野宮《ののみや》〉として能の演目にもなり、亡霊となった六条御息所と旅の僧侶が向き合う場面には、「野宮神社」と同じ、黒木の鳥居と小柴垣《こしばがき》が登場します。

お能の〈野宮〉の主人公は六条御息所です。秋が訪れた嵯峨野で、哀愁漂うなか、しあわせだった昔を懐かしむ御息所。言いようのないせつなさや、辛《つら》く悲しい恋の行く末を表します。

そんな舞台となった嵯峨野の竹林に忽然《こつぜん》と姿を現す黒木の鳥居は、そこはかとなく寂しげに映ります。

都を北から守る山――船岡山

岡は船岡《ふなおか》。清少納言《せいしょうなごん》が『枕草子《まくらのそうし》』で、一番の景勝地として名前をあげた**船岡山《ふなおかやま》**は、清少納言の言葉どおり、山というよりは岡といったほうがふさわしいでしょう。思いついてすぐに登れる低い山ですが、趣ある景色に癒やされます。

東、北、西と三方を山に囲まれた京の街では目立たない低山ですが、重要度からすれば京都一といっても過言ではありません。

いったんは長岡京《ながおかきょう》を定めておきながら、桓武天皇《かんむてんのう》がすぐに平安京へと都を移したのは、京都が風水学的に最高の吉相とされたからです。

四神相応《しじんそうおう》。東を守る青龍《せいりゅう》は、鴨川。南の朱雀《すざく》は、今はなき巨椋池《おぐらいけ》。西の白虎《びゃっこ》は、山陰の道。そして北を守る玄武《げんぶ》が、船岡山。四方に神がおわしますのが京都だったのです。

なかでも平安京を定める際、北の基点となったのが船岡山です。

小高い岡は、東山の鳥辺野と同じ、葬送の地でもありました。蓮台野、紫野、死者を送るさまは、兼好法師《けんこうほうし》が『徒然草《つれづれぐさ》』に綴《つづ》っているとおりです。

時代が下って〈応仁の乱〉のころには、船岡山の麓が西軍の陣地となりました。そこから界隈を〈西陣〉と呼ぶようになったのです。西陣織がその代表ですが、和装業の中心として栄えたときもありました。

景勝の地であり、葬送の地でもあった船岡は、戦の場でもあり、そして地場産業が生まれた地でもある。船岡に限ったことではありません。京都にはそんないくつもの顔を持つ地がたくさんあるのです。

織田信長廟《のぶながびょう》（霊を祀《まつ》る建物）を豊臣秀吉が建てたのが、船岡山です。今はそれが「**建勲**《たけいさお》

神社《じんじゃ》」となっています。信長はこの船岡で眠るのがふさわしい。きっと秀吉はそう思ったのでしょうね。

長い歴史を見守ってきた〝玄武〟は、今も船岡山に住む〝聖獣〟です。

京都の景色に欠かすことのできない――鴨川

街の中心を流れていて、これほどに街並みとしっくり馴染んでいる川はほかにないのではないでしょうか。京都といって、誰もが思い浮かべるのが**鴨川**ですね。

古く平安末期に白河法皇《しらかわほうおう》が、双六《すごろく》の賽《さい》（さいころ）や山法師《やまほうし》（山寺に住む僧侶）とともに、意のままにならぬものとして、賀茂《かも》の流れをあげたほど、暴れ川として知られていた鴨川ですが、河川改修を繰り返した結果、近年は滅多に氾濫することのない、おとなしい川になりました。

今では京都市民憩いの場として、北から南に、穏やかに流れています。

雲ヶ畑《くもがはた》を源流として、南は下鳥羽《しもとばかつらがわ》桂川に注ぐまで、名を変えながら長く流れる鴨川ですが、旅人にも馴染みが深いのは、今出川通に架かる賀茂大橋辺りから、五条大橋辺りまでの流れです。

初夏を過ぎて、河原を散策すると、釣り糸を垂れる太公望《たいこうぼう》を見かけることも少なくありません。鴨川には、天然鮎《あゆ》も遡上してくるのです。あるいはオオサンショウウオも、大きな鯉《こい》も棲《す》んでいます。冬ともなれば多くの渡り鳥が飛来する鴨川も、夏になればその主役をカップルに譲ります。

三条から四条辺りまでの右岸の水際には、等間隔でカップルが座りこみます。橋の上から眺めると、その間隔が見事に揃っていることに驚きます。いつしか鴨川名物の光景となりました。

告白もあるでしょうし、別れの言葉を交わしているかもしれません。その様子は、行く川の流れに自分たちの人生を重ね合わせているように見えます。

鴨川の上流——賀茂川

同じ鴨川でも、高野川と合流する前の上流は、「**賀茂川**《かもがわ》」と表記するのが通例となっています。

その賀茂川が名を変えようとするちょうど手前の辺りには、飛び石が並んでいます。

朝夕を問わず、犬を連れて散歩する老人や、ジョギングする若者が流れに沿って行き交う場所です。大きな飛び石は子どもたちの遊び場でもあり、夏ともなれば大きな歓声が飛び交います。

鴨川との違いは、岸辺にお店が見当たらないことです。右岸も左岸も住宅街に隣接していて、賀茂川の近くに住む人にとっては、我が庭のようになっています。

鴨川より岸辺が広々としているのも、賀茂川の特徴のひとつです。とりわけ賀茂大橋から上賀茂橋辺りまでの右岸は、公園と呼ばれるほど、伸びやかな空間が広がっています。

そんななか、北大路橋と北山大橋のちょうど真ん中辺りの右岸に、ぽつんと一本だけ立つケヤキの大木があります。

樹形も整っているこの木の紅葉はとても美しいので、是非覚えておいてください。北からでも南からでも、どっちから見てもきれいです。夕陽のころなどは涙が出るほど美しい紅葉を見せてくれます。

『源氏物語』の〈夕顔〉が住んでいた町——夕顔町

夕顔《ゆうがお》は『源氏物語』の作中人物の名前ですね。実在ならともかく、たとえ架空の人物だったとしても、それが京都という街に馴染むなら、町名にしてもやぶさかでない。これが京都人の心意気なんです。なんて、少し大げさすぎますが。

夕顔が光源氏の寵愛《ちょうあい》を受ける切っ掛けとなったのが、お屋敷の垣根に咲く夕顔の花です。その邸のあった場所が五条辺りとされていて、おおよそこの辺りではないかということで、堺町通と高辻通《たかつじどおり》が交わる辺りに**夕顔町**《ゆうがおちょう》という名が付いたようです。

垣根ならぬ、民家の柵越しに〈**夕顔之墳**〉と刻まれた石碑を見ることができます。

能の演目〈半蔀《はじとみ》〉の舞台も、ちょうどこの辺りです。

紫野の「雲林院」に住む僧が、夏の修行（夏安居《げあんご》といいます）を終えようと、毎日供えてきた花のために立花供養《りつかくよう》を行っていました。そんなある日の夕暮れどき、ひとりの女が白い花を供えに来ました。僧が花の名を問うと、夕顔だと答え、五条辺りに住んでいるとだけ言い残して、去って行きます。あとになって、その女が霊だと分かって、僧が訪ねてみると夕顔の霊が現れて舞を舞う。そんなお話です。

この界隈を歩いていて、ひょっとして夕顔の花があるのではと思って探してみましたが、見つかりませんでした。

もしかしたら、あなたは出会えるかもしれませんね。夕顔の花にも、霊にも。

幼い丁稚と織女の悲劇――「報恩寺」の〈撞かずの鐘〉

どこからか機を織る音が聞こえてきそうな西陣《にしじん》の寺之内通に「報恩寺《ほうおんじ》」という小さなお寺があります。室町時代に一条高倉《いちじようたかくら》近辺で創建され、紆余曲折《うよきよくせつ》を経て今の場所に移ってきたのは天正《てんしよう》十三年です。

織屋《おりや》に勤める織女《おへこ》たちは、朝の仕事始め、夕方の仕事納めを「報恩寺」の鐘で知るような暮らしをしていました。

とある店に、十五歳の丁稚《でつち》と十三歳の織女が働いていました。ふたりは仲が悪く、顔を合わせるとケンカばかりしていたそうです。あるとき、ふたりは「報恩寺」の夕方の鐘の数を巡って言い争いをします。丁稚は八つだと言い、織女は九つだと言い張ります。そして間違えたほうは、何でも相手の言うことを聞くと約束したのです。織女のほうは毎日指折り数えていましたから自信満々です。

心配になった丁稚が寺男《てらおとこ》（寺で雑用をする下男）にこっそり訊ねると九つでした。困った丁稚は寺男に頼み込んでその日だけ八つにしてもらいました。

その日の夕方、鐘の数を数えていると、九つ目が鳴りません。丁稚から、さんざん悪口を言われただけでなく、明日から自分の僕《しもべ》になれと言われ、織女は悔しさのあまり、鐘楼《しようろう》に帯をかけ首をつってしまいました。

それからしばらく経って、不思議なことが起こります。

恨めしそうな顔つきをした織女の霊が現れるようになったのです。困ったお寺が鐘を撞《つ》くことをやめると、霊は現れなくなったといいます。それ以来「報恩寺」の鐘は〈撞《つ》かずの鐘〉と呼ばれるようになり、今でも大晦日《おおみそか》にしか撞かないのだそうです。

せつない逸話が残る、せつないスポットです。

どうして振り返っているの?——「永観堂」の〈見返り阿弥陀〉

〈もみじの永観堂《えいかんどう》〉。実によくできたキャッチコピーですね。たしかに、境内一円を埋め尽くすような紅葉は、見事のひと言に尽きます。

それほどに美しい紅葉を見せてくれるお寺ですが、正式名称は「聖衆来迎山無量寿院《しょうじゅらいごうさんむりょうじゅいん》禅林寺《ぜんりんじ》」。長い名前の浄土宗《じょうどしゅう》の寺院です。

秋も深まれば、紅葉狩りを兼ねた拝観客で境内はあふれかえりますが、ここでは是非ご本尊の〈見返り阿弥陀《あみだ》〉をご覧いただきたいと思います。

阿弥陀さまに限ったことではありませんが、仏さまというものは、たいてい正面を向いておられます。なのにこのお寺のご本尊は、横を向いておられるのです。なぜなのでしょう。

このお寺の住職だった永観律師《ようかんりつし》が行道《ぎょうどう》、つまり、ご本尊の周りを、仏を念じて経文を唱えたりしながら回る礼拝をしているとき、突然ご本尊の阿弥陀像が壇を降り、先導して行道をはじめたのです。

驚いた永観が立ち尽くしていると、阿弥陀像は、

――永観遅し――

と振り向いて声を掛けたといいます。

つまり、この阿弥陀像は、横を向いているのではなく、振り向いているお姿なのです。なんと慈悲深い阿弥陀さまでしょうか。

とっとと先に歩いて行って、置いてけぼりを食わせるようなことをしてはいけませんね。

もうひとつ、境内に植わる〈三鈷《さんこ》の松〉も見ておきましょう。ふつうはふたつに分かれる松の葉先が、みっつに分かれているのです。みっつは各々、智慧《ちえ》、慈悲、真心を表すと

言われていて、茶色い落ち葉はお守り代わりにもなります。〈もみじの永観堂〉ですが、紅葉ばかりに目を奪われないようにしましょう。

小説『鴨川食堂』の舞台――「大弥食堂跡地」

『鴨川食堂』という小説を書くきっかけとなった食堂が「東本願寺」の近くにあります。正確には、ありました、です。もう廃業してしまったからです。

「大弥《だいや》食堂」という屋号でしたが、僕がはじめて行ったころは、朝七時から店を開け、夕方七時まで店の灯りが点《つ》いていました。それも毎日です。そしてその店ではおばあさんがひとりで料理を作っていました。うどん、そば、丼。何を食べても安くて美味しかったのですが、僕はたいてい、あんかけうどんを食べていました。おばあさんが、おろし生姜《しょうが》を山盛り載せてくれるのがとても嬉《うれ》しかったことを覚えています。

しかし、こうした素敵な思いができるのは決してこの店だけではありません。京都の街なかには、そんな食堂がたくさんありました。いつ行っても開いていて、いつ食べても安くて美味しい食堂。そんなお店が次々と姿を消していったのは、たいてい後継者難からです。きつい仕事の割には大して儲《もう》からない。若い人には魅力的な仕事として映らないのでしょう。

同じ飲食業をするにしても、華やかなスポットライトを浴びる割烹やビストロなどの道に進んでいくのも仕方がないことかもしれません。

でも、地味な食堂を惜しむお客さんは、たくさんいます。そんな気持ちが集まったのでしょう、食堂には珍しい、跡地の石碑が建っています。それが「**大弥食堂跡地**」。お店のざわめきが聞こえてきて、芳《こう》ばしいお出汁《だし》の香りが漂ってくる。そんな気がしてきます。

本能寺は、もともと別の場所にあった⁉︎——「本能寺」と「本能寺跡」

〈応仁の乱〉と並んで、〈本能寺の変〉《ほんのうじ》は、京都の歴史を語る上で欠かせない事件です。その名はよく知られているわりに、実際はどうだったのか、分からないこともたくさんあるせいで、その謎解きをしてくれる本はよく売れているそうですし、ゆかりの地も賑《にぎ》わいを見せています。

寺町通《てらまちどおり》の御池通《おいけどおり》を下がったところに「**本能寺**」があります。

——ここが、あの〈本能寺の変〉が起こった「本能寺」だよ。ここで織田信長が焼き討ちにされたんだ――

浴衣《ゆかた》姿の若いカップルがお参りに来ていて、男性が女性にそう説明しています。違うんですよ、〈本能寺の変〉が起こったとき、本能寺はほかの場所にあったんですよ。横からそう教えてあげたかったのですが、男性に恥をかかせてはいけないので、自重しました。

事件が起こった天正十年。「本能寺」は油小路通《あぶらのこうじどおり》と蛸薬師通《たこやくしどおり》が交わる辺りに建っていました。今もそこには、立派なビルの敷地に「**本能寺跡**」と刻まれた石碑が建っています。明智《あけち》光秀《みつひで》と信長の関係はどうだったのか。ただの謀反《むほん》だったのか。ほかに理由があったのか。などなど、謎が多い事変だけに、今もさまざまな議論がなされ、真実を探ろうとする書物がたくさん出版されています。

僕にはよく分かりませんが、そういう事実があったことだけはたしかなようです。裏切ったり、裏切られたり、生きることは大変ですね。

京都は何度も戦地になり焼かれた――「御霊神社」

歴史上のあるできごとがここまでブームになるというのは、とても珍しいことではないでしょうか。

〈応仁の乱〉を詳しく書いた本がベストセラーとなり、ゆかりの地を巡るツアーができたり、特集するテレビ番組や、ムックも続出しました。

日本人はブームに乗りやすいところがありますが、マニアックとも言えるひとつのテーマに、ここまで多くの人が夢中になるというのには、正直、驚きを禁じえませんでした。

その舞台となった場所といえば、勃発の地である「**御霊神社**《ごりょうじんじゃ》」の名が真っ先にあがることでしょう。いっとき、このすぐ近くに住んでいたこともあって、僕には馴染みの深いお社です。

それほど大きな神社ではありませんが、うっそうと茂る木々に囲まれた境内は、たしかに御魂《みたま》を鎮めるには恰好の舞台です。応仁元年、畠山政長《はたけやままさなが》が御霊の森に陣を敷き、畠山義就《はたけやまよしなり》と一戦を交えたのが〈応仁の乱〉のはじまりだそうで、御霊の森は、今の二倍以上の広さがあったといいます。

松尾芭蕉は、元禄三年、「御霊神社」に参詣した際、

——半日は　神を友にや　年忘《としわすれ》——

という句を奉納し、その句碑が境内に建っています。神社で年忘れの句会をしたこの半日は、神を友にするかのようでありがたいなあという気持ちを詠《うた》ったと思われますが、すでにこのとき、〈応仁の乱〉が終結してから二百年以上が経っています。それでも神々の存在を感じたのでしょう。まだ戦いの跡がはっきりと残っていたのでしょうか。それとも太古の森の風情が漂っていたのでしょうか。芭蕉の歌の向こうにある景色を、想像したくなります。

「御霊神社」からほど近い「相国寺《しょうこくじ》」も、〈応仁の乱〉の際に、細川方が陣地としたこともあって、激しい戦いの場になりました。当然の結果として「相国寺」のほぼすべての伽《が》藍《らん》は焼失してしまいました。東方も西方も多くの犠牲者を出した、この戦によって失われたものは、あまりにも大きいのです。

京都には、悲しい過去を擁する場所が、このようにたくさんあるのです。

道真の霊を鎮める——「水火天満宮」の〈登天石〉

京都に限ったことではありませんが、天満宮の名が付いた神社はたくさんあります。お馴染みの菅原道真《すがわらのみちざね》公をお祀りしている、堀川紫《ほりかわし》明《めい》に建つ「**水火天満宮**《すいかてんまんぐう》」は、日本最初の天満宮と号しています。先に書いた**紫式部の墓**や、**赤穂義士四十六士遺髪塔跡**にほど近い場所にあります。

醍醐《だいご》天皇《てんのう》の勅願《ちょくがん》によって、都の水害や火災を鎮めるために、延長元年に〈水火社天神天満宮〉として菅原道真公の神霊を勧請《かんじょう》し（神仏の来迎を願い）建立《こんりゅう》されたのですが、ということはつまり、天皇の勅命によって〝天満宮〟とされたのは、ここが日本初ということになるわけです。言ってみれば、初の国家公認天神でしょうか。

この社の境内には〈**登天石**《とうてんせき》〉と呼ばれる霊石が祀られていて、それには道真にまつわるエピソードが残されています。

道真が亡くなってから、関係者が急死したり、天変地異がひんぱんに起こったりしたので、道真の祟《たた》りではないかと噂されるようになりました。

ときの醍醐天皇は、「延暦寺《えんりゃくじ》」の法性房尊意僧正《ほっしょうぼうそんいそうじょう》という偉いお坊さんに祈《き》とうを命じます。それを受けて、尊意僧正は山を下りて宮中に急ぐのですが、その日はあいにくの荒天。雷は鳴り響き、激しい風が吹きすさび、雨は降り続き、僧正の行く手をふさぎます。

それでもなんとか宮中を目指したのですが、鴨川までたどり着くと、川の水位が突然上がりはじめ、あっという間に流れが土手を越え、町中にあふれだしました。

それを目の当たりにした僧正は、数珠《じゅず》を手にして祈りはじめました。すると、水の流れがふたつに分かれるではありませんか。お伴の者たちが驚いてそこを見つめると、ひとつの石が現れたのです。そしてさらに驚くことに、石の上には、あの道真の霊が立っているのです。

息を呑《の》んで見守るお伴たちの前で、僧正と道真の霊が問答をはじめます。やがて、僧正の説得に応じたのか、道真の霊は雲の上に飛び去っていきました。それを合図とするかのように、今まで荒れ狂っていた雷雨がやみ、青空が顔をのぞかせてきました。

そのときの石を〈登天石〉と名付け、ここにお祀りしているというわけです。

道真の心残りを宿した石、是非お参りしてみてください。

悲恋ゆえの、ふたつの〈恋塚〉――「恋塚寺」「浄禅寺」

『源平盛衰記《げんぺいせいすいき》』にも登場する〈袈裟御前《けさごぜん》〉の話は、今の時代の若い人たちには、どう受け止められるのでしょうね。

母への孝と夫への義。そのふたつを貫くために、己の命を犠牲にした女性。現代の人には、現実味のないおとぎ話のように聞こえるのかもしれません。

北面の武士である源渡《みなもとのわたる》の妻、袈裟御前はとても美しい女性でした。それもただ美形というだけでなく、内面の美しさがにじみ出るようなものでしたから、誰もが見惚《みと》れてしまいます。

遠藤盛遠《えんどうもりとお》という武士もそのひとりでした。

荒武者として知られる盛遠は、袈裟御前が人妻だということを承知の上で、袈裟御前の母親を刀で脅し、あいだを取り持つように迫ります。

このままでは殺される。そう思った母親は盛遠の目を盗んで、袈裟御前に会ってすべてを話します。

話を聞いた袈裟御前は、悩んだ末に、盛遠と会う決心をしました。

――源渡と別れて俺の妻になれ――

袈裟御前に会うやいなや、盛遠がそう切り出しました。

——いきなりそんなことを言われましても、それは無理というものです。どうしてもとおっしゃるのなら、夫を殺してください。夫が亡くなれば、あなたの妻になるとしましょう。今夜夫の髪を洗い、酒をたっぷり飲ませて休ませます。濡れた髪を手探りにして、夫を斬り殺してください——

なんとも恐ろしい提案をしてくる袈裟御前に驚いた盛遠ですが、絶世の美女を我がものにできるのなら、何もためらうことなどありません。早速その夜、屋敷に忍び込みます。寝間《ねま》の場所などを袈裟御前から聞かされていた盛遠は、難なく寝室にたどり着き、暗闇のなかを手探りすると、濡れた髪にいきあたりました。これだ、と盛遠は髪をつかむと一気に首を斬り落とし、それを布に包み、屋敷を飛びだします。

一目散に走って逃げる盛遠は、雲に覆われていた月がようやく顔をのぞかせたところで足を止め、布を解いて首尾をたしかめようとしました。

ちょうどそこにあった池で刀を洗い、よくよく顔を見ると、なんとその首は袈裟御前だったのです。

母を守り、夫を守り、そして自らの貞操を守るために、袈裟御前は身代わりになったのです。

月に照らされた袈裟御前の顔はとても穏やかでした。

今さら遅いのですが、それを見て盛遠は、取り返しのつかない愚かな行いをしたことを心底恥じます。

そののち盛遠は、文覚《もんがく》と名を改めて出家します。袈裟御前の菩提を弔うために恋塚を建て、「**恋塚寺**《こいづかでら》」を建立しました。

洛中からは少し離れますが、「城南宮《じょうなんぐう》」の近く、下鳥羽の地に、その「恋塚寺」が建っています。

そしてもうひとつ、恋塚のあるお寺が上鳥羽に建っています。六地蔵巡りで知られる「**浄禅寺**《じょうぜんじ》」です。

寿永《じゅえい》元年に、文覚が開いた寺です。文覚は大いに改心したようですね。斬り落とした袈裟御前の首をここに埋め、菩提をねんごろに弔ったといいます。そんないわれから、このお寺は「恋塚浄禅寺」と呼ばれるようになりました。

「浄禅寺」の門前には大きな石碑が建っていて、そこには「激揚貞風《げきよう》」の文字が刻まれています。激しい行動力を表す「激揚」と、心が正しいことを表す「貞」という文字は、袈裟御前を表しているのでしょう。その奥には五輪塔《ごりんとう》と、ガラスケースに入れられた石碑が木々に囲まれています。袈裟御前はここで、成仏できたのでしょうか。

悲運の尼僧がいた――「神光院」の〈蓮月庵〉

洛北西賀茂《にしがも》に「神光院《じんこういん》」というお寺があります。建保《けんぽう》五年。「上賀茂神社」の神職だった松下能久《まつしたよしひさ》が、ある夜、ご神託を受けます。神のお告げという、あれですね。

――霊光《れいこう》の照らしたる地に一宇《いちう》を建立《こんりゅう》せよ――

そんなシンプルなご神託だったといいます。

「一宇」というのは、一棟、という意味です。松下さんはそれを受けて、奈良県の大和三輪《やまとみわ》の地から、慶円《けいえん》というお坊さんを招き、そこに真言宗のお寺を建てました。これが「神光院」という名前の由来です。

〝松下さん〟なんていうと、親しみやすい近所のおじさんみたいですが、このお寺は〈三《さん》弘法《こうぼう》〉のひとつに数えられるほど、由緒正しいのです。

ちなみに〈三弘法〉とは、この「神光院」と、「東寺」「仁和寺《にんなじ》」の三寺をいいます。どうです。こうして並べると、「神光院」がすごいお寺に見えてくるから不思議です。見える、なんて言っては失礼ですね。すごいお寺なんです。

弘法大師空海が、今でいう厄年、四十二歳のときに三か月間、このお寺で修行を積んだことから、〈西賀茂の弘法さん〉とか〈厄除《やくよ》けお大師《だいし》さん〉とも呼ばれて、都人《みやこびと》から親しまれています。

また、修行を終えた空海は、自分の姿を池に映し、それを見て彫った木像をお寺に奉納したと伝わっています。

しかし京都の人にとって「神光院」といえば、なんといっても胡瓜《きゆうり》です。

毎年七月二十一日と土用《どよう》の丑《うし》の日に行われる〈きうり加持《かじ》〉には多くの人が訪れ、厄除け、病魔退散を願います。

胡瓜のなかに病を封じこめて、その胡瓜を土に埋めたり、川に流したりして病魔を退散させるのは、空海が中国から持ち帰った厄除けの秘法なのだそうです。

民間信仰として深く浸透しているこの〈きうり加持〉は「**蓮華寺**《れんげじ》」や「**三宝寺**《さんぼうじ》」でも行われていて、祇園祭の〈忌《い》み胡瓜〉と好一対《こういっつい》をなしているように見えます。

祇園祭の〈忌み胡瓜〉というのは、祇園祭をつかさどる「**八坂神社**《やさかじんじゃ》」の神紋と、胡瓜を輪切りにしたときの断面がよく似ていることから、「祇園祭が行われている七月中、祭にたずさわる人たちや、祇園界隈の料理屋さんでは胡瓜を食べない」という習わしです。

京都の人にとって七月の胡瓜は、なんとも厄介な存在です。食べてはいけないものでもあり、病を封じこめる存在でもあり。どないせい、っちゅうねん！　と大阪の人に言われそうですね。

お大師さん、胡瓜、ともうひとつ。このお寺で忘れてはいけないのは大田垣蓮月尼《おおたがきれんげつに》です。これほど多くの悲運を背負いながら、たくましく生きた女性はほかにいないのではないでしょうか。

寛政《かんせい》三年。今の河原町丸太町《かわらまちまるたまち》近辺、三本木《さんぼんぎ》という地で生まれ、生後すぐに「知恩院《ちおんいん》」の寺侍である大田垣家へ養女に出されます。

長じて結婚するに至るのですが、最初の結婚で生まれた一男二女は生後すぐに亡くなってしまい、それが原因となったのか、夫とも離縁してしまいます。

二度目の結婚もまた長続きはしません。すぐに夫を病気で亡くしてしまい、三十三歳で出家します。それでも不幸は続き、四十二歳までに一男一女と養父までをも亡くしてしまいました。

蓮月はいつしか、不幸を呼ぶ女、疫病神、死神などと呼ばれるようになります。それでも蓮月は生きました。そして四十歳を過ぎたころからはじめた陶芸が、思わぬ人気を呼ぶようになります。自作の和歌を彫った陶器〈蓮月焼《れんげつやき》〉は飛ぶように売れましたが、難渋したのは訪ねてくる客の多さです。

たまらずに繰り返した引っ越しは、一年に十三度を重ねたといいますから、よほどのことだったのでしょう。〈引っ越しの蓮月〉と呼ばれたこともあったようです。

そしてようやく落ち着いた先が、この〈蓮月庵《れんげつあん》〉だったのです。それは蓮月が七十五歳のときでした。

波乱万丈とひと口に言いますが、彼女は、まさにこの言葉どおりの人だと思います。ジェンダーフリーの今、そんなことを言えば時代錯誤だと指弾されるかもしれませんが、いつの時代にも翻弄されるのは女性だったのではないかと思います。『六の宮の姫君』しかりです。

彼女たちは、それが激しかろうと、ゆるやかだろうと、流れに身を任せるしかない生き方を強いられてきたのではないでしょうか。どんなにあがこうが、逆らおうが、しあわせになれることはない。彼女たちには、きっとそれが分かっていたのでしょう。

しかし、流れるままに生きているように見えて、その実、たゆまざる努力を重ね、たくましく生きてきた強さは、女性ならではの美しさにつながるものだと思います。

そんな美しさほど、せつないものはない。京都を歩いていると、いつもそう思います。

「古き良き」を懐かしむ──「円山公園」のラジオ塔

平成も終わるころになって、時代の流れがますます速くなってきたように思います。「テレビ離れ」という言葉が使われだして久しくなります。今では若い人たちは、テレビを見ずに、インターネットだけで過ごす人が増えているというのです。

テレビ世代というのでしょうか。僕などは、テレビの出現に「魔法の箱でもあるのか！」と驚いた世代です。最初は白黒でしたが、それがいつの間にかカラーテレビになり、やがて衛星中継などまで出てきて、テレビを通じて世界中と、さらには宇宙とも一体になったのだと興奮しました。

テレビが出現するまではラジオでした。

トランジスタラジオから聞こえてくる音楽に耳を傾け、台風情報に身を縮ませた子どものころが、つい最近のことのように思えてしまいます。

ラジオがたいせつな情報源だった時代の名残が、今も京都のあちこちに残っています。ラジオ塔と呼ばれるそれは、京都市内の八か所ほどで見ることができます。

きっと気づかずに通り過ぎてしまっているかもしれませんが、実は「**円山公園**」のなかにもラジオ塔があるんです。

祇園石段下。「八坂神社」の西楼門から入って東に進みます。春には妖艶な花を咲かせることで有名な枝垂れ桜のすぐ西側に建っているラジオ塔は、昭和七年に、ＮＨＫ京都放送局が開局した記念に作られたものだそうです。

灯籠《とうろう》のような、行灯《あんどん》のような不思議な形をしていますが、〈ＪＯＯＫ〉と記された銘板が貼られ、昔の写真も飾られています。

ラジオ塔は、正式には「公衆用聴取施設」というのだそうで、つまりはみんなでラジオを聴きましょう、という設備です。かつてのラジオは贅沢《ぜいたく》品だったのでしょう。家庭にラジオを持たない人たちがこのラジオ塔の前に集まって、みんなでラジオ放送を愉《たの》しんだ。

いい時代だったなあと思ってしまいます。今では限られた人しか聴かなくなったラジオも、昭和のはじめごろは垂涎《すいぜん》ものだったのですね。

その後、ラジオはテレビに取って代わられ、僕が子どものころは、あちこちに街頭テレビというものがありました。プロレス中継や野球放送など、スポーツ中継が主だったように思いますが、今で言うパブリックビューイングです。街頭テレビの前では応援合戦が繰り広げられ、ときにはファンどうしのけんかもありました。おそらくラジオのころも同じだったのでしょう。ラジオ塔の前に立つと、そんなざわめきが聞こえてきそうです。

ラジオ塔も街頭テレビも過去のものとなった今、街なかに〝なんとなく集う〟ことが少なくなりました。それよりも、個々のスマートフォン。ながらスマホ、歩きスマホをする姿は周りへの気配りがなく、美しいとはとても思えません。今だって、パブリックビューイング会場に集まって、輝いた顔で見入り、知らない隣の人と言葉を交わす様子はいいものです。

ラジオ塔は、人と人をつなぐ場だったのですね。「円山公園」にある「長楽館《ちょうらくかん》」のコーヒーショップでひと息入れながら、ラジオ全盛時代に思いを馳せるのも悪くありません。

名作をたどる――梶井基次郎『檸檬』の道筋

京都を舞台にした梶井基次郎《かじいもとじろう》の『檸檬《れもん》』は、小品ながら、長く広く読み継がれていますね。短くて読みやすいのもひとつの理由だと思いますが、もうひとつ、作品の舞台となった場所を訪ねることができる愉しみも、人気の理由だったように思います。

物語は、「**八百卯**《やおう》」という果物屋さんで、黄色いレモンを買い求めることからはじまります。「八百卯」は、今はもうなくなりましたが、平成二十一年一月まで実際にあった果物屋さんです。

文学解説ではありませんので、そのレモンがなぜ、心の不安や不吉を和らげたのか、については言及しませんし、実際よく分かりません。ただ、なんとなくレモンには親しみを感じますし、手にした大きさや形が心を和ませてくれることには共感します。

著者になったつもりで、レモンがたどった道筋を歩いてみましょう。

「八百卯」があったのは寺町二条の角です。当時、果物屋さんはあちこちにあったはずなのに、なぜ梶井は、この場所を舞台に選んだのでしょう。

今もその空気は残っていますが、この辺りは、古書店や文具店、画廊などが建ち並ぶ、京都でも有数のアカデミックな界隈だったからだろうと、僕は推察しています。

縦横の格子状に道が真っすぐ延びているのが特徴的な京都において、この辺りの二条通は真っすぐではありません。そのあたりも、ちょっとした味付けになったのかもしれないと思います。不吉、不安を抱えていた著者にとって、この店が建つ〝角〟は、まさにその象徴だった、とは少々考えすぎかもしれませんが。

レモンを一個買った著者は「丸善《まるぜん》」に向かうのですが、当時の「丸善」は今の場所と違って、三条麩屋町《さんじょうふやまち》を西に入ったところにありましたから、おそらく寺町通をそのまま真っすぐ南に下がっていっただろうと思います。

押小路通《おしこうじどおり》を越えると左手、東側に京都市役所が見えてきます。この建物は一九二七年に竣工《しゅんこう》したもので、『檸檬』が発表されたのは一九二五年ですから、そのころにはまだこの市役所はありませんでした。

そして御池通です。今でこそ京都で最も広い通りとなっていますが、これは第二次世界大戦の際に、沿道の家屋を防火帯として強制疎開させたことでできた通りですから、『檸檬』のころは、まだふつうの道幅だったようです。

千二百年を超える京の都ですが、たった百年のあいだに、すっかり様変わりしてしまったのです。

しかしながら、当時とまったく変わらないものもあります。お寺や神社がそれです。御池通を越えて、寺町通を下がると〈本能寺の変〉で知られる「**本能寺**」があります。〈本能寺の変〉が起きたとき、つまり織田信長が明智光秀の謀反に遭ったのは、この場所ではなく、油小路通と蛸薬師通が交わる辺りでした。その後、現在の地に移転してきたのですが、今の伽藍が落成したのは、天正二十年のことだといいますから、『檸檬』のころにはすでにこの地に「本能寺」はありました。

『檸檬』には、はっきりと寺町通の名が出てきますから、「本能寺」の前を通ったことは疑いようがありません。もちろん作中では言及していませんが、この寺の前を通れば誰もが〈本能寺の変〉を思い浮かべます。きっと作者の梶井基次郎も同じだったでしょう。きっと謀反、反乱、などという言葉が頭に浮かんだはずです。

――えたいの知れない不吉な塊が私の心を始終圧《おさ》えつけていた――

『檸檬』の冒頭にあるように、当時の著者は不安を抱えていました。健康上の不安、借金の不安などなど、決して未来は明るくありません。しかし、いっぽうで著者は文学界に打って出ようとしています。そのなかでの不吉をどう解消しようか、折り合いを付けようかと苦悩しつつも、レモンを買ったことで、いくらか気持ちを軽くしたのでしょう。
そこで「本能寺」です。権威ある文学界を織田信長に重ねたのではないかと、僕は推測しているのです。そしてそのシンボリックな存在として「丸善」を標的にしたような気がします。

——生活がまだ蝕《むしば》まれていなかった以前私の好きであった所は、たとえば丸善であった——

そう書いています。ですが、さまざまに蝕まれてからは、足が遠のいていたのに、レモンを買ったあとだからか、

——平常あんなに避けていた丸善がその時の私にはやすやすと入れるように思えた——

のです。憧れの存在だった「丸善」を、先行きの不安感から、爆破したいと思ってしま

ったのでしょう。

さて「本能寺」からさらに寺町通を下がっていくと、「矢田寺《やたでら》」の前を通ります。このお寺も天正年間に今の場所に移転してきていますから、当然のことながら、『檸檬』のころにも建っていました。

このお寺に祀られているのは〈代受苦地蔵《だいじゅくじぞう》〉と呼ばれる地蔵観音さまで、地獄で亡者を救うお地蔵さまとして、古くから信仰を集めてきました。

手のなかのレモンが、その地蔵観音さまに思えたのではないでしょうか。レモンが苦悩を代わりに引き受けてくれそうな気がする。そう思った著者はいよいよ実行に移します。

可愛《かわい》さ余って憎さ百倍。そんな心境だったかもしれません。寺町三条まで歩いてきた梶井は、三条通を西に向かいます。御幸町通《ごこまちどおり》を越え、麩屋町通まで歩いてきた梶井は「丸善」に入りこみます。店の人は梶井のたくらみなど知る由もありませんから、快く客を迎え入れます。きっと梶井は明智光秀の心境だったに違いありません。

「丸善」が無防備なのをいいことに、梶井は積み上げられた本の上にレモンを置いて、店を出ていきます。

――変にくすぐったい気持が街の上の私を微笑《ほほえ》ませた。丸善の棚へ黄金色に輝く恐ろしい爆弾を仕掛けて来た奇怪な悪漢が私で、もう十分後にはあの丸善が美術の棚を中心として大爆発をするのだったらどんなにおもしろいだろう――

いまだに謎に満ちた〈本能寺の変〉ですが、焼き討ち直後の光秀も同じような心境だったのではないかと思います。

寺町二条から麩屋町三条までは、わずか六百メートルほどの距離ですが、この道筋だからこそ、『檸檬』という作品が生まれたのではないだろうか。ここを歩くとそう思えてくるのです。

ひとつの道にも、物語あり。そんなふうに景色も楽しんでみてください。

京都は多くの文学作品の舞台になっています。古典はもちろん、近代文学に至っても、それぞれの時代の京都の姿が描かれています。なかには今と同じ風景もあれば、すっかり変わってしまった光景もあります。文学作品を読んでから、それらを思い浮かべながら歩くと、新たな発見があったりするのも京都ならではのことです。もちろんそれは、ただの妄想に過ぎないのかもしれませんが。

そんな妄想にふけりながら「矢田寺」のすぐ隣にある食堂「常盤《ときわ》」でカツ丼を食べるのも愉しみのひとつです。

桜並木より美しい⁉——京の一本桜

そもそもが、桜という花はせつないですね。

誰もが、今か今かと待ち望んで、ようやく咲いたと思えば、あっという間に散ってしまうんですから。花の命は短い。人にそれを実感させるのが桜の役目かもしれませんね。

とは言っても、京言葉の代表とされる〈はんなり〉は、花なり、から派生したと言われているくらいですから、桜の花が咲くさまを、華やかと感じる人のほうが多いのかもしれません。しかし聞いてみれば、せつないと感じる人も結構いらっしゃいます。

桜にせつなさを感じるのは、「見渡す限り咲き誇っていたのに、一斉に散るから」ではないでしょうか。

でも、京都では、散り際どころか、満開を迎えている花を見て、せつないと思ってしまう桜をよく見かけるのです。

そのほとんどは一本桜です。

日本の桜のシンボルとも言えるソメイヨシノは、ほとんどが群れて咲きます。川沿いの堤防に咲く桜並木がその代表ですね。それに比べて、枝垂《しだ》れ桜や山桜などは、孤高と言いたくなるような、凜《りん》とした立ち姿です。

京都の一本桜で最もよく知られているのは、「八坂神社」の奥に広がる「**円山公園**」の枝垂れ桜です。現在のそれは二代目だそうですが、枝ぶりの美しさといい、威風堂々たる幹の力強さといい、京都随一と言ってもいいでしょう。

ただ、場所柄いつも多くの人に囲まれているせいか、せつなさといった風情はあまり感じられません。

〝せつない一本桜〟は、洛北から上京辺りの街なかに、ぽつんと立っていることが多いようです。取り立てて名所でもなんでもなく、歩いていて、ふと塀の向こうから枝を伸ばす枝垂れ桜に、僕は風情を感じます。

たとえば地下鉄烏丸線の北大路駅北口からすぐ、今宮通沿いに建つ宗教施設の奥に植わる枝垂れ桜は、実に見事な花を咲かせます。賀茂川の河原へと向かう道筋にあるので、通りかかった人々は、声をあげることもなく、黙って息を呑みます。予想していなかったからでしょう。

今宮通とT字路を作っているのは、京都のメインストリートである烏丸通です。烏丸通の北端にあることから、僕はこの桜を〈**烏丸通のどんつき桜**〉と名付けました。七キロ近くも離れてはいますが、ここは京都駅の向かい側になるのです。

賀茂川堤の桜で人気が高いのは、「京都府立植物園」の西側の堤防に続く桜並木「**半木**《なからぎ》**の道**《みち》」です。

桜棚に紅枝垂れ桜が咲き誇るころには、見事な桜のトンネルができます。その桜を見に行こうとする人たちの多くが、先のルートを通ります。

地下鉄を降り、地上に出て、一目散に「半木の道」を目指す道すがら、思いがけず目に入った枝垂れ桜に感じるのは、美しさであり哀切なのです。

花見をするときというのは、必ずと言っていいほど、〝お目当て〟がありますね。どこその桜を見に行こう、と目的を用意するわけです。そこで、新聞やネットに掲載される開花情報を頼りにして、その花を目指します。そんな道すがら、思いがけず出会った花ほど美しく見えるものはありません。何か得した気になるのと同時に、自分だけの花という愛《いと》しさをも感じてしまうのだろうと思います。

それがもしソメイヨシノの桜並木だったなら、少し印象が違うかもしれません。ところがそれが、はかなげに垂れ下がる淡い色の桜だと、胸をきゅんとさせるのです。

鴨川堤でもう一本、僕が好きな枝垂れ桜があります。

それは賀茂川が鴨川に名前を変えてすぐの、賀茂大橋の南側、西のたもとに咲く一本桜です。

賀茂大橋は今出川通に架かる橋ですが、この橋の北側には、通称「**鴨川デルタ**」と呼ばれる三角州があり、右手東側から流れてくる高野川と、左手西側から流れてくる賀茂川が合流して鴨川になるところでもあります。

昭和六年に架けられた橋は、名建築家のほまれ高い武田五一《たけだごいち》が設計したもので、なんとも言えず、いい雰囲気を醸しだしています。

石造りの灯籠付高欄《とうろうつきこうらん》と枝垂れ桜、そして鴨川の流れ。一幅の絵のような眺めです。とりわけ黄昏《たそがれ》どきともなると、西山に沈もうとする夕陽が東山を照らし、恰好の背景となります。

オムライス好きの僕は、この辺りに来ると、「**おむらはうす**」というオムライス専門店に足が向きます。オーソドックスなケチャップソースもいいですが、ここでのおすすめはカレーオムライスです。厚切りビーフがたっぷり入ったカレーソースが絶品なんです。

ほかの一本桜を何か所かあげておきましょう。

「本満寺《ほんまんじ》」「妙覚寺《みょうかくじ》」「旧有栖川宮邸《きゅうありすがわみやてい》」「法金剛院《ほうこんごういん》」「京都府庁」「水火天満宮」などです。出会ったときの感動が薄れてはいけませんので、詳しくは書かないことにします。そこに行けば必ず見つかりますから。

長く楽しめる紅葉──京の散り紅葉と黄葉

春の桜と並んで、秋の紅葉は目を癒やしてくれます。短い花の命に比べると、紅葉はずいぶんと長いあいだ美しさを保っています。

桜は芽吹きから三分、五分、満開に至り、そのあと一気に散ってしまいます。せいぜいが一週間から十日ほどでしょうか。潔く散ることから、武士にも喩《たと》えられ、日本人のメンタリティーにぴったり合っていました。古くから日本人は、桜が短い命だからこそ、そのはかなげな姿を愛おしむのです。

それに対して、紅葉は長いですね。木にもよるのでしょうが、色付きはじめから枯れて散るまで、ひと月以上愉しませてくれます。

暑く長い夏が終わり、早朝の鴨川を散歩していて、久しぶりにひんやりとした川風を頬に受け、ふと堤の桜に目を遣《や》ると、心なしか葉っぱが淡く紅色に染まっているように見えます。

これが紅葉のはじまりです。生まれたての赤子のようにも見えます。

それからの変化は遅々としています。夏が逆戻りしたのかと思うような暑い日があったり、台風が来たり、急に冷え込んだりして、気が付くとコートを着込むようになっています。

そのころになると、明らかに葉っぱの色は変化しています。紅葉が進んでいるのは、東山から北山を見上げればすぐに分かります。

東山の最高峰である比叡山の八合目辺りや、遠く北山の奥山は、早くも紅葉が峰々を染めはじめています。十月の終わりごろのことです。赤子が立派な大人になってきたような、そんな葉っぱに見えます。

それから一週間か十日もすれば、ようやく京の街なかからも紅葉の便りが届きはじめます。街歩きをしていても紅葉や黄葉が目に付くようになります。

そうなると、京の街は人であふれ返ります。「永観堂《えいかんどう》」や「東福寺《とうふくじ》」などの紅葉名所は、ごった返す、という表現がぴったりです。とりわけライトアップされる時期にもなると、年の瀬のアメ横さながらの人出になりますから、少なからず情緒には欠けるのですが。

そろそろ紅葉も終わりかというころが、年々遅くなるように思います。

僕が子どものころの京都では、十一月が終わると同時に紅葉も終わっていたと記憶しているのですが、最近では十二月に入ってからも充分紅葉を愉しむことができます。

というより、多くの観光客で混み合う十一月より、人出の少ない十二月のほうが、より風情を感じられるようにも思います。

そして、この晩《おそ》い紅葉の一番の見どころは〈**散り紅葉《もみじ》**〉です。

桜吹雪という言葉があるように、桜はいっときに花を散らしますが、紅葉は少しずつ散らしていきます。一枚、また一枚と風に散ることもあれば、数枚の紅葉がはらはらと風に舞うこともあります。いつの間にか散っていた、というのが紅葉の特徴でしょうね。

よく見かけるのは、神社やお寺の参道です。鳥居や山門に向かう道筋で、紅い葉が散ってくると、いよいよ秋が終わって冬が来るのだなと覚悟を決めます。

散ったあとの紅葉は、さらなる風情を醸しだします。それをして〈**敷《し》き紅葉《もみじ》**〉と呼ぶのも、いかにも日本人らしい愛《め》で方ですね。

敷き紅葉の多くは真っ赤です。真紅と言ったほうがいいかもしれません。鮮やかさはなく、鳶色《とびいろ》とも言えそうな、茶色みを帯びた赤い葉っぱには、しわも寄っています。

色付きはじめの紅葉が赤子なら、敷き紅葉は老人に喩えられるだろうと思います。紅葉は、なんだか人の一生を見るようです。赤黒く濁り、水分をなくしてしわだらけになった敷き紅葉の一枚一枚は、よく見ると美しいとは思えませんが、お寺の山門前の石段を埋め尽くしていたりすると、それはそれは美しいものです。自然と老いを敬っているのか、それとも自らに重ね合わせて美化しているのかは、よく分かりませんが。

さて、そんな散り紅葉の名所をいくつかご紹介しましょう。

ひとつは円山公園の一番奥にある「**長楽寺**《ちょうらくじ》」です。

建礼門院徳子《けんれいもんいんとくこ》が出家したことでも知られる古刹《こさつ》ですが、この寺に至るゆるやかな坂道に散る紅葉は、ため息が出るほど美しいものです。南側の石垣を越えて枝を伸ばす紅葉樹から紅葉が散り、それが参道の行灯《あんどん》に照らされる〝灯ともしごろ〟がベストだろうと思います。

いつも書いていることですが、桜にしても紅葉にしても、ライトアップの明かりに照らされたものと、自然の明かりのなかで見るものとは、まったく別ものです。人工的な照明や、今流行《はや》りのプロジェクションマッピングを施された桜や紅葉は、京都には似合わないと僕は思うのですが、大勢のお客さんが集まるせいでしょうか、人工照明に頼るところは増えるいっぽうです。

夜桜と同じく、夜紅葉も、薄明かりのなかで見るほうが美しいと思います。西山に夕陽が沈んだ直後が一番のおすすめですが、夜が明けてすぐ、という時間帯もいいですね。散り紅葉が夜露に濡れてきらきらと朝陽に輝くと、身も心も引き締まります。

散り紅葉の名所と勝手に決め込んでいるのは「**哲学の道**」です。

「銀閣寺」から若王子町《にゃくおうじちょう》までの細道を歩いていると、どこからともなく紅葉が散ってきます。そしてそれが川面《かわも》に浮かび、北のほうへと流れていきます。まさに乾山《けんざん》描くところの竜田川《たつたがわ》です（尾形乾山は、尾形光琳《こうりん》の弟で、陶工です。竜田川を描いた器はそれはそれは美しいものです）。

ちなみにこの「哲学の道」では、春になると〈花筏《はないかだ》〉も現れます。川岸に植わる橋本関雪《はしもとかんせつ》ゆかりの関雪桜が散ったあと、川面に浮かぶ桜の花びらが北に流れていき、銀閣寺交番の裏辺りで堰《せ》き止められ、桜色のじゅうたんができるのですが、それを花筏といいます。

北が高く、南が低い京の街を流れる川は、傾斜に合わせて南へ流れていきますが、「哲学の道」を流れているのは琵琶湖疏水《びわこそすい》ですから、琵琶湖から北へと、地形に逆らって流れています。それによって描き出された眺めは、ここでしか見られないものです。

散り紅葉が敷き紅葉に変わる景色も「哲学の道」沿いでは、あちこちで見られます。鹿ケ谷《ししがたに》の「安楽寺《あんらくじ》」。このお寺の山門下の石段は、敷き紅葉の名所といってもいいでしょう。石が見えなくなるほど、びっしりと真紅の敷き紅葉ができるのは十二月の初めごろでしょうか。夜半に秋雨が降った翌朝などがベストですね。陽が昇ると同時に、プロアマ入り乱れての撮影がはじまりますので、できれば先んじておきたいところです。

同じような光景は「法然院《ほうねんいん》」でも見ることができます。こちらの山門は侘《わ》びた茅葺《かやぶ》き屋根ですから、よりいっそう風情を感じられると思います。

「哲学の道」以外の場所で、散り紅葉や敷き紅葉が美しいお寺を、さらにいくつかご紹介しておきましょう。

庭園にびっしりと敷き紅葉ができるのは、洛北の「圓光寺《えんこうじ》」です。額縁庭園として知られる名園なのですが、ここもライトが当たる前の日暮れどきか早朝をおすすめします。

洛西のほうでは「鹿王院《ろくおういん》」の石畳の参道。紅葉のトンネルから散ってくる紅葉が木漏れ日を受けるときなどは、思わず息を呑む美しさです。

紅葉だけではなく、黄葉もまた落ちたあとが美しいのです。

どうしても紅葉の陰に隠れてしまいがちですが、銀杏《いちょう》の黄葉も秋の風情を漂わせます。

お寺でいうなら「**西本願寺**」の大銀杏が圧巻です。逆さ銀杏とも、水吹き銀杏とも呼ばれていますが、夕陽に照らされた黄金色の落葉が、じゅうたんのように辺り一面を埋め尽くします。

「西本願寺」を少し北に上がった向かい側、堀川六条に店を構える「**西洋酒楼《せいようしゅろう》 六堀《ろくぼり》**」は、僕のお気に入りの洋食屋さんです。ランチでもディナーでも食べられる〈大人のお子様ランチ〉は実に愉しい料理で、しかもとってもリーズナブルなんです。銀杏の黄葉を眺めながらの洋食はどなたにでもおすすめできます。

通りなら、**紫明通**や**堀川通**。緑地帯に植えられた銀杏の木から落ちた黄葉は、夕陽を受けて視界一面が黄色く染まるほどです。

せっかくきれいに掃き清めた庭に、わざと落葉をまいたという千利休の逸話を持ち出すまでもなく、落葉には独特の風情があります。シャンソンに〈枯葉〉という名曲があるように、それは世界共通の観念かもしれませんが、侘びという観点からすれば、京都の落葉にまさるものはないように思います。春の花。秋の落葉。そこにせつなさを見出《みいだ》すのも、歴史の長い都ならではのことでしょう。

あとがきに代えて

平野神社の拝殿

京都が繰り返し遭ってきた災害は、たいていが人災です。四神相応《しじんそうおう》の地として、満を持した形で都となった京の街。四方を護《まも》る神々の力のおかげもあって、自然災害からはうまく逃れてきました。

北に玄武《げんぶ》。東に青龍《せいりゅう》。西に白虎《びゃっこ》。南に朱雀《すざく》。それらに相応する地があることで、大難を小難として済ますことができていたのです。

四方を護っている神さまのことは、とうにご存じだろうと思いますが、念のため少しおさらいしておきましょう。

空と大地の四方には、それぞれつかさどる生きもの神がおられる。中国をはじめとして、東アジア全般では、そんな民間信仰が広く浸透していたようで、それは日本にも早くから伝わっていました。

この四方の神さまと、山川道澤《さんせんどうたく》の四つの地形を重ね合わせることで、四神相応という考え方が生まれたようです。

東の青龍という動物と清流が合致するのが鴨川です。北の玄武に相当する山が船岡山。西の白虎には山陰道という道。そして南の朱雀には巨椋池《おぐらいけ》という澤。これらが見事に一致する場所が京都盆地だったのです。

山を背にしているから山背、だったのでしょうか。山国だったところが一挙に都に格上げされました。

都には人が集まり、心の拠《よ》りどころとしての神社やお寺がたくさん建ち並び、それがまた都を護るという循環のおかげで、人々は安心して京の都に住むことができたのです。

四神や寺社のおかげもあって、天災からは逃れてきた京都ですが、人々の諍《いさか》いによって起こる災厄からは逃れることができませんでした。戦火によって失われたものは決して少なくありません。

それでも古刹は古刹としての形を保ち、神や仏の加護を受けて、伝統建築を守り続けてきました。地震も台風も幾度となく都を襲いましたが、さほど大きな被害は受けなかったのです。

たとえば台風。第二室戸台風や伊勢湾台風などで、京都も大きな被害を受けたのですが、それはしごく稀《まれ》なことで、たいていの台風は京都を畏怖するかのように、過ぎ去っていくのが通例でした。

それがどうでしょう。平成も終わりごろになって、とんでもない台風がやってきて、桂川や紙屋川が氾濫したり、強風で古社寺が大きな被害を受けることが少なくなくなってきました。

とりわけ、平成三十年の秋に来襲した台風によって、京都のあちこちの寺社は、甚大な被害を受けました。

猛烈な風によって、伽藍こそ無事だったものの、「上賀茂神社」も「下鴨神社」も境内のいたるところで木が倒れました。倒木は寺社だけではなく、京都のいろんなところに、今もその傷跡が残っています。賀茂川堤、京都御苑なども大きな被害を受けました。

なかには「平野神社《ひらのじんじゃ》」のように拝殿が倒壊してしまったところもありますし、塀が倒れたところ、屋根瓦が吹き飛んでしまったところも少なくありません。少し高い建物から見下ろすと、京都中のあちこちにブルーシートで覆われた屋根が散見され、目を覆うばかりの惨状です。

街なかよりもっとひどいのが山のなかです。京都の外周を一周できることで人気の高い、京都トレイルコースもいたるところで倒木に道をふさがれ、とても一周できるような状況ではありません。

　京都に生まれ育って七十年近くになりますが、こんな光景を見るのは初めてのことです。聞くところでは、長く存続している寺社でも、そんな記録はないといいます。

　いったいどうしてこんなひどいことになったのでしょう。

　天変地異は避けることができませんし、自然の力を畏怖するしかないのですが、僕にはどうも四神の怒りを買ったのではないだろうかと思えてしまうのです。

　近年の有名寺社は集客に躍起になっているようです。夜間のライトアップなどは、もう当たり前になってしまいました。ただ明かりで照らすだけでなく、お堂にプロジェクションマッピングを施すところも、珍しくなくなりました。

　昼間はマルシェです。肉フェスタだとか、イタリアンフェアや、お寺バルなど、およそ境内には不似合いなイベントが、京都のあちらこちらの寺社で開催されています。

「東寺」の弘法市や「北野天満宮」の天神市など、古くから寺社では市が開かれてきましたから、それらを真っ向から否定するつもりはありません。市を開くことで人々が集い、神さまや仏さまを身近に感じるようになるのは、とても好ましいことですね。

しかし何ごとも節度というものがあると思うのです。

台風が来襲する直前でした。世界遺産にも登録されている、とある神社の境内は光のアートスペースと化しました。カラフルなオブジェが境内を埋め尽くし、その変化の様子を愉《たの》しむというものです。決して安くはない入場料を払ってでも、このイベントを体験しようと思った人は多くいたようですが、それを知らせるニュースを見て、驚きと戸惑いを隠せない京都人も多く存在しました。これがただのイベント会場で行われたのなら、もちろん大賛成だったのですが。

京都に限ったことではありませんが、神社の境内は、神聖な場所であるべきだと思います。厳かで侵すべからざる神域であるからこそ、そこに祀《まつ》られた神さまを敬い崇《あが》めるのです。

神社とは何の関係もないオブジェが夜な夜な跋扈《ばっこ》することに、さぞや神さまも驚かれていることでしょう。

京の四方を護る神さまたちが申し合わせて、ひとつお灸《きゅう》をすえてやろうと思われたとしても、なにほどの不思議もありませんし、それを甘んじて受けなければいけないだろうとも思います。

京都の街のそこかしこにちりばめられた、せつなさ。その根底に流れているのは、つつましく暮らしてきた人々の思いや願いです。そしてそれを美しいと感じるのは、たえず謙虚さを保ち続けてきたからなのです。

謙虚さをなくした驕《おご》りからは、決してせつなさは生まれません。取り返しがつかなくなる前に、そのことに思いを致してほしい。『せつない京都』を著したのは、その一心からなのです。

二〇一九年　冬

柏井 壽

舌切茶屋
京都市東山区清水1丁目 清水寺境内
定休日 不定休
p127,129

洋食の店みしな
京都市東山区高台寺二寧坂畔
TEL 075-551-5561
営業時間 12:00〜14:30(L.O.)、17:00〜19:30(L.O.)
定休日 水曜、第1・第3木曜(祝日の場合は翌日)
p133

しょうざんリゾート京都
京都市北区衣笠鏡石町47
TEL 075-491-5101
p151

殿田
京都市南区東九条上殿田町15
TEL 075-681-1032
営業時間 11:30頃〜18:00頃
定休日 無休(不定休あり)
p168

京の焼肉処 弘 八条口店
京都市南区東九条南山王町25
TEL 075-662-1129
営業時間 17:00〜24:00(L.O.23:00)
定休日 なし(12/31、1/1休み)
p169

常盤
京都市中京区寺町三条上ル天性寺前町523
TEL 075-231-4517
営業時間 月、火、木11:00〜16:00 ※祝日の場合は〜20:00 金、土、日11:00〜20:00
定休日 水曜
p217

西洋酒樓 六堀
京都市下京区堀川通六条下ル元日町5
TEL 075-354-8117
営業時間 11:30〜22:30(11:30〜14:00 L.O. 18:00〜20:30 L.O.)
定休日 水曜、第2・第4木曜
p227

とようけ屋山本 本店
京都市上京区七本松通一条上ル滝ヶ鼻町429-5
TEL 075-462-1315
営業時間 4:00〜18:30
定休日 木曜(月一回不定休)
p48,57ほか

みなとや 幽霊子育飴本舗
京都市東山区松原通大和大路東入ル
TEL 075-561-0321
営業時間 10:00〜16:00
定休日 なし
p51

とようけ茶屋
京都市上京区今出川通御前西入ル紙屋川町822
TEL 075-462-3662
営業時間 飲食11:00〜15:00、物販9:00〜18:00
定休日 木曜(25日営業、月2回水曜不定休)
p58

京極スタンド
京都市中京区新京極通四条上ル中之町546
TEL 075-221-4156
営業時間 12:00〜21:15(L.O. 20:45)
定休日 火曜
p61

御二九と八さい はちべー
京都市中京区新京極四条上ル中之町577-17
TEL 075-212-2261
営業時間 12:00〜14:15(ラスト入店)、17:00〜21:30(ラスト入店)
定休日 火曜
p74

清和荘
京都市伏見区深草越後屋敷町8
TEL 075-641-6238
営業時間 12:00〜16:00(L.O.13:30)、18:00〜22:00(L.O.19:00)
定休日 月曜(祝日の場合は営業、翌日休み)、お盆、年末年始、冬休み
p91

GYOZA BAR杏っ子
京都市中京区恵比須町442-1 ル・シゼームビル 2F
TEL 075-211-3801
営業時間 火〜土 18:00〜23:30(L.O.23:00)、日・祝 18:00〜23:30(L.O. 23:00)※売り切れ次第終了
定休日 月曜＋木曜不定休
p93

里の駅 大原
京都市左京区大原野村町1012番地
TEL 075-744-4321
営業時間 旬菜市場(産直品販売)9:00〜17:00
花むらさき(レストラン)9:00〜16:00 ※日曜のみ7:30〜
日曜ふれあい朝市 日曜6:00〜9:00
定休日 月曜(祝日の場合は翌火曜)
p113

野むら山荘
京都市左京区大原野村町236
TEL 075-744-3456
営業時間 12:00〜15:00、17:30〜21:00
※完全予約制
定休日 木曜
p114

忠僕茶屋
京都市東山区清水1丁目 清水寺境内
TEL 075-551-4560
営業時間 9:00〜16:30
定休日 不定休
p127

巻末付録2　掲載店リスト

※情報はすべて、2019年3月1日現在のもので、営業時間など
　変更する可能性がありますのでご注意ください。
※お店の意向で掲載していない場合もあります。

水田玉雲堂
京都市上京区上御霊前町394
TEL 075-441-2605
営業時間 10:00〜17:00
定休日 日曜、祝日
p22

千本玉壽軒
京都市上京区千本通今出川上ル
TEL 075-461-0796
営業時間 8:00〜18:00
定休日 水曜
p26

近為　京都本店
京都市上京区千本通五辻上ル牡丹鉾町576
TEL 075-461-4072
営業時間 9:30〜17:30(販売)、11:00〜15:00(ランチ)
定休日 年中無休(但し年始を除く)、ランチは12/1〜1/6まで休業
p34

西陣 鳥岩楼
京都市上京区五辻通智恵光院西入ル五辻町75
TEL 075-441-4004
営業時間 12:00〜21:30
※親子丼は12:00〜14:00
定休日 木曜(祝日の場合は営業)
p34

洋食屋キッチンパパ
京都市上京区上立売通千本東入姥ヶ西町591
TEL 075-441-4119
営業時間 11:00〜14:00(L.O.)17:30〜20:50(L.O.)※ご飯がなくなり次第終了
定休日 木曜(12/28〜1/4休業)
p35

嵯峨豆腐森嘉
京都市右京区嵯峨釈迦堂藤ノ木町42
TEL 075-872-3955
営業時間 8:00〜18:00(8/16、12/31は売切れ次第閉店)
定休日 水曜(火曜定休あり)
p37

西山艸堂
京都市右京区嵯峨天龍寺芒ノ馬場町63
TEL 075-861-1609
営業時間 11:30〜17:00(L.O.16:30)
定休日 水曜、月1日火曜不定休、8/17〜23、12/29〜1/4※変更の場合あり
p44

篩月
京都市右京区嵯峨天龍寺芒ノ馬場町68
TEL 075-882-9725
営業時間 11:00〜14:00(L.O.)
定休日 年中無休
p46

大覚寺
京都市右京区嵯峨大沢町4
拝観時間 9:00〜17:00(受付終了16:30)
p179

六角堂(紫雲山頂法寺)
京都市中京区六角通東洞院西入堂之前
拝観時間 6:00〜17:00
p180

瑞光院
京都市山科区安朱堂ノ後町19-2
拝観時間 10:00〜16:00
p183

報恩寺
京都市上京区小川通寺之内下ル射場町579
拝観時間 9:00〜16:00
p191

永観堂
京都市左京区永観堂町48
拝観時間 9:00〜17:00(受付終了16:00)
p192

本能寺
京都市中京区寺町通御池下ル下本能寺前町522
拝観時間 6:00〜17:00 ※大寶殿宝物館は9:00〜17:00(受付終了16:30)
p195,213

水火天満宮
京都市上京区堀川通上御霊前上ル扇町722-10(堀川通寺ノ内上ル)
拝観時間 境内自由、0時消灯
p199,221

恋塚寺
京都市伏見区下鳥羽城ノ越町132
拝観時間 日中随時
p203

浄禅寺
京都市南区上鳥羽岩ノ本町93
拝観時間 9:00〜17:00
p203

神光院
京都市北区西賀茂神光院町120
拝観時間 6:30〜17:00
p204

円山公園
京都市東山区円山町473他
p209,218

長楽寺
京都市東山区八坂鳥居前東入円山町626
拝観時間 9:00〜17:00(木曜休館)
p224

安楽寺
京都市左京区鹿ヶ谷御所ノ段町21
拝観時間 9:30〜16:30
p226

法然院
京都市左京区鹿ヶ谷御所ノ段町30
拝観時間 6:00〜16:00※伽藍内非公開(4月1〜7日、11月1〜7日に特別公開)
p226

圓光寺
京都市左京区一乗寺小谷町13
拝観時間 9:00〜17:00
p226

鹿王院
京都市右京区嵯峨北堀町24
拝観時間 9:00〜17:00
p226

平野神社
京都市北区平野宮本町1
拝観時間 6:00〜17:00
p230

欣浄寺
京都市伏見区西桝屋町1038
拝観時間 10:00〜16:30
p81,82

随心院
京都市山科区小野御霊町35
拝観時間 9:00〜16:30
p84

菊野大明神
京都市中京区河原町通二条上ル清水町364-1
拝観時間 9:00〜17:00
p89

三千院
京都市左京区大原来迎院町540
拝観時間 9:00〜17:00(11月は8:30〜17:00、12〜2月は9:00〜16:30)
p97

来迎院
京都市左京区大原来迎院町537
拝観時間 9:00〜17:00
p98

寂光院
京都市左京区大原草生町676
拝観時間 9:00〜17:00(12〜2月は9:00〜16:30、うち1月1〜3日は10:00〜16:00)
p99

清水寺
京都市東山区清水一丁目294
拝観時間 6:00〜18:00(7、8月は6:00〜18:30) ※閉門時間は季節や行事により変更
p117ほか

善光寺堂
京都市東山区清水一丁目294
拝観時間 6:00〜18:00
p118

成就院
京都市東山区清水一丁目294
拝観 ※特別公開時期のみ
p120,125ほか

光悦寺
京都市北区鷹峯光悦町29
拝観時間 8:00〜17:00
p137

源光庵
京都市北区鷹峯北鷹峯町47
拝観時間 9:00〜17:00
p140

常照寺
京都市北区鷹峰北鷹峰町1
拝観時間 8:30〜17:00
p143

東寺
京都市南区九条町1
拝観時間 8:00〜17:00(受付終了16:30)
p154,177

西本願寺
京都市下京区堀川通花屋町下ル
拝観時間 5:30〜17:00(季節により異なる)
p154

六孫王神社
京都市南区壬生通八条角
参拝時間 境内自由
p156,166

六道珍皇寺
京都市東山区小松町大和大路通四条下ル4丁目小松町595
拝観時間 9:00〜16:00(受付終了16:00)
p176

巻末付録1　掲載スポットリスト

※情報はすべて、2019年3月1日現在、HP等に掲載されているものです。変更の可能性がありますのでご注意ください。

相国寺
京都市上京区今出川通烏丸東入相国寺門前町701
拝観時間 10:00〜16:30(受付終了16:00)　※特別拝観時のみ
p17,198

伏見稲荷大社
京都市伏見区深草藪之内町68
拝観時間 終日可
p18

御霊神社(上御霊神社)
京都市上京区上御霊前通烏丸東入
拝観時間 7:00〜日没
p22,197

大報恩寺(千本釈迦堂)
京都市上京区七本松通今出川上ル
拝観時間 9:00〜17:00
p26

野宮神社
京都市右京区嵯峨野宮町1
拝観時間 9:00〜17:00
p37,184

常寂光寺
京都市右京区嵯峨小倉山小倉町3
拝観時間 9:00〜17:00(受付終了16:30)
p37

落柿舎
京都市右京区嵯峨小倉山緋明神町20
入園時間 9:00〜17:00(1、2月は10:00〜16:00)
p37

二尊院
京都市右京区嵯峨二尊院門前長神町27
拝観時間 9:00〜16:30
p37

清凉寺(嵯峨釈迦堂)
京都市右京区嵯峨釈迦堂藤ノ木町46
拝観時間 9:00〜16:00(4、5、10、11月は9:00〜17:00)
p37

祇王寺
京都市右京区嵯峨鳥居本小坂町32
拝観時間 9:00〜17:00(受付終了16:30)
p38

滝口寺
京都市右京区嵯峨亀山町10-4
拝観時間 9:00〜17:00
p38

立本寺
京都市上京区七本松通仁和寺街道上ル一番町107
拝観時間 9:00〜16:30
p49,150

金蓮寺
京都市北区鷹峯藤林町1-5
p59

永福寺(蛸薬師堂)
京都市中京区新京極通蛸薬師下ル東側町503
拝観時間 8:00〜16:30
p64

幻冬舎新書 542

せつない京都

二〇一九年三月三十日 第一刷発行

著者 柏井壽
発行人 見城徹
編集人 志儀保博

発行所 株式会社 幻冬舎
〒一五一-〇〇五一 東京都渋谷区千駄ヶ谷四-九-七
電話 〇三-五四一一-六二一一(編集)
〇三-五四一一-六二二二(営業)
振替 〇〇一二〇-八-七六七六四三

ブックデザイン 鈴木成一デザイン室
印刷・製本所 株式会社 光邦

JASRAC 出 1902040-901

検印廃止

Printed in Japan ISBN978-4-344-98543-8 C0295
か-17-3

幻冬舎ホームページアドレス http://www.gentosha.co.jp/
*この本に関するご意見・ご感想をメールでお寄せいただく場合は、comment@gentosha.co.jp まで。